MW01519179

böhlau

Alexander Juraske
Agnes Meisinger
Peter Menasse

# Hans Menasse:
# The Austrian Boy

Ein Leben zwischen Wien,
London und Hollywood

*für Erwin,
mit den besten Grüssen!*

*Herzlichst*

*Hans Menasse*

BÖHLAU VERLAG WIEN KÖLN WEIMAR

*Mai, 2019*

Das Projekt und die Drucklegung wurden unterstützt durch
die Kulturabteilung der Stadt Wien (MA 7),
den Nationalfonds der Republik Österreich für Opfer des Nationalsozialismus,
den Zukunftsfonds der Republik Österreich,
den FK Austria Wien und tipp3.

Bibliografische Information der Deutschen Nationalbibliothek:
Die Deutsche Nationalbibliothek verzeichnet diese Publikation in der
Deutschen Nationalbibliografie; detaillierte bibliografische Daten sind
im Internet über http://dnb.de abrufbar.

© 2019 by Böhlau Verlag GmbH & Co. KG.
Kölblgasse 8–10, 1030 Wien
Alle Rechte vorbehalten. Das Werk und seine Teile sind urheberrechtlich
geschützt. Jede Verwertung in anderen als den gesetzlich zugelassenen Fällen
bedarf der vorherigen schriftlichen Einwilligung des Verlages.

Umschlagabbildung: Votava/Imagno/picturedesk.com – 19590101_PD6434.
Korrektorat: Philipp Rissel, Wien
Umschlaggestaltung: Michael Haderer, Wien
Satz und Layout: Bettina Waringer, Wien
Druck und Bindung: Hubert & Co., Göttingen
Printed in the EU

Vandenhoeck & Ruprecht Verlage | www.vandenhoeck-ruprecht-verlage.com

ISBN 978-3-205-20782-5

# Inhalt

# Vorwort

von Alexander Juraske, Agnes Meisinger und Peter Menasse

Hans Menasse ist ein großer, schlanker Mann mit freundlichen blauen Augen. Und ein Mann mit vielen Identitäten: ein Wiener, ein Kosmopolit, ein Vertriebener, ein Rückkehrer, ein Einzelkämpfer, ein Teamplayer, ein Netzwerker, ein Familienmensch, ein Mann mit einer ungewöhnlichen Lebensgeschichte. Er lebt heute mit seiner Ehefrau Christine in der Nähe des Hundertwasserhauses im 3. Bezirk und hat uns in seinem Lieblingslokal, dem Café Zartl in der Rasumofskygasse, auf eine Reise durch seine Vergangenheit mitgenommen.

Wenn Hans Menasse nicht im Kaffeehaus ist, besucht der immer gut gelaunt wirkende bald 89-Jährige seine meist um viele Jahre jüngeren Freunde und Bekannten auf dem Sportplatz des Wiener Athletiksport Clubs (WAC) im Prater, wo er bis vor Kurzem noch selbst sportlich tätig war und bis heute rege am Vereinsleben Anteil nimmt.

In ein Menschenschicksal von bald neun Jahrzehnten passt viel hinein. Selten aber hat ein Leben einen so dramatischen Beginn und einen so erfolgreichen, facettenreichen Verlauf wie jenes von Hans Menasse. Als Kind aus Österreich vertrieben, später als junger Fußballer in diesem Land gefeiert, erfolgreich im Beruf, mit Hollywood-Stars auf Du und Du. Ein solch reichhaltiges Leben verträgt mehr als einen Berichterstatter. Darum haben wir uns zu dritt darangemacht, dieses Buch zu verfassen. Die drei großen Kapitel entsprechen den Abschnitten von Hans Menasses Leben, wiewohl sie sich zum Teil chronologisch überschneiden.

Das erste Kapitel widmet sich seiner Kindheit in Wien, der Flucht vor dem nationalsozialistischen Terrorregime sowie den prägenden Jugendjahren in England, wo er zur Schule ging und durch den Fußballsport seinen Weg zur Integration in eine ihm fremde Gesellschaft und Umgebung fand.

Der zweite Abschnitt behandelt Hans Menasses Neubeginn in Österreich nach seiner Rückkehr aus dem Exil im Jahr 1947 und die erfolgreiche Fortsetzung seiner sportlichen Ambitionen. Er wurde mit seinem damaligen Verein First Vienna Football Club 1894 österreichischer Meister und spielte im Nationalteam.

Anschließend folgt ein Kapitel über seinen beruflichen Werdegang nach der Fußballkarriere. Hans Menasse war Pressesprecher eines US-amerikanischen Filmverleihs und betreute zahlreiche Hollywood-Größen, wenn sie in Wien drehten oder ihre Filme vorstellten. Die Klammer zu seiner Flucht vor dem NS-Regime schloss sich für Hans Menasse, als er im Jahr 1994 die Europapremiere von Steven Spielbergs preisgekröntem Film „Schindlers Liste" organisierte.

Ein kurzer Essay am Ende des Buches stellt die Kernfamilie von Hans Menasse vor und versucht, die jeweiligen Eigenheiten ihrer Mitglieder zu veranschaulichen. Ergänzt wird die Lebensgeschichte durch viele Fotografien und Dokumente. Ein Nachwort seiner Kinder Robert, Eva und Tina Menasse bildet den emotionalen Höhepunkt.

Wir drei Autoren haben zahlreiche Interviews mit Hans Menasse in seiner Wohnung und in seinem Stamm-Café geführt. Das waren für uns bereichernde Stunden. Danke, Hans.

# Ein schwieriger Start ins Leben

## Kindheit und Sozialisation in Wien

Hans Menasse wurde am 5. März 1930 als jüngstes von drei Kindern einer aus Mähren stammenden, katholischen Mutter und eines jüdischen Vaters in Wien geboren. Gemeinsam mit seinen Eltern Richard und Adolphine (geb. Rossmanith) sowie Schwester Gertrude (*1919) und Bruder Kurt (*1923) lebte Hans in einer Zweieinhalb-Zimmer-Wohnung in der Döblinger Hauptstraße 13/7 im 19. Bezirk. Der Vater war Handelsvertreter für Pelzwaren, später für Wein und Spirituosen einer Pasteten- und Konservenfabrik in Wien-Leopoldstadt, die Mutter war Hausfrau mit einem ausgeprägten Faible für die Wiener Kaffeehauskultur.

Die Religion spielte in der Familie Menasse ebenso wenig Rolle wie die Politik. Richard Menasse und seine Eltern – ein galizischer Jude aus Tarnow und eine aus Pressburg im Königreich Ungarn stammende Jüdin – legten keinen Wert auf einen Übertritt Adolphines (genannt Dolly) zum jüdischen Glauben. Das Paar heiratete während des Ersten Weltkriegs 1917 standesamtlich in Prerau/Mähren.

Die seit den 1880er-Jahren in der kaiserlichen Reichs- und Residenzhauptstadt Wien sesshafte Familie verstand sich als Teil des assimilierten jüdischen Bürgertums. Politisch gesehen identifizierte sie sich gleichermaßen mit dem Herrscherhaus der Habsburger, wie auch nach dem Zerfall der Monarchie mit der zu einem Kleinstaat geschrumpften demokratischen Republik Österreich.

Dolly und Richard Menasse, 1917.

Hans, Kurt und Gertrude (genannt Trude) wuchsen in einem gutbürgerlichen Milieu im „Roten Wien" auf, wenngleich die Wirtschaftskrise der Dreißigerjahre nicht spurlos an den Menasses vorbeiging. Das Auskommen der Familie hing von der Auftragslage des Vaters ab, der mit Luxuswaren handelte. In finanziell guten Zeiten kümmerte sich ein Kindermädchen stundenweise um die beiden Buben, während die Eltern mit Bekannten im Kaffeehaus des Casino Zögernitz, einem Treffpunkt des gehobenen Bürgertums in der Döblinger Hauptstraße, oder im Café Bauernfeld in der Liechtensteinstraße, Karten spielten. Obwohl im Hause Menasse weder jüdische noch christliche Feste gefeiert wurden, gab es zu Weihnachten kleine Geschenke für die Kinder. In den Sommerferien verbrachte die fünfköpfige Familie einige Wochen in einer kleinen Mietwohnung in Bad Vöslau. In finanziell weniger guten Zeiten mussten sie das Brot beim Bäcker anschreiben lassen.

Hans Menasse war ein aufgeweckter, kontaktfreudiger Bub. Die Gassen und Höfe in der Nähe der elterlichen Wohnung waren sein Spielzimmer. Im Währinger Park, der in den 1930er-Jahren nach der Umwandlung des Allgemeinen Währinger Friedhofs in eine Grünanlage mehr einer „Gstetten" denn einem Erholungsgebiet glich, spielten Hans und seine Freunde mit Glasmurmeln oder liefen einem „Fetzenlaberl" hinterher.

Vater Richards große Leidenschaft war der Fußballsport, der im

Wien der Zwanzigerjahre eine enorme Popularität erfahren hatte. Mit dem 1921 eröffneten Hohe-Warte-Stadion, das sich nicht weit von der Wohnung der Familie Menasse entfernt befand, verfügte Wien zeitweilig über das größte und modernste Fußballstadion Kontinentaleuropas. Die Heimstätte des First Vienna Football Club 1894 (Vienna) wurde bald zu Richard Menasses zweitem Wohnzimmer. Als glühender Fan, der bei nahezu allen Heimspielen auf der Tribüne saß, pflegte er einen guten Kontakt zu vielen Spielern und Funktionären des Vorstadtklubs.

Im Jahr 1931 erlebte Hans' Vater den ersten Meistertitel der Vienna auf der Hohen Warte, 1933 gewann sein Lieblingsteam sowohl die Meisterschaft als auch den Mitropacup, die damals bedeutendste Trophäe im europäischen Vereinsfußball. Bevor im Juli 1931 das Wiener Praterstadion in Betrieb genommen wurde, begeisterte auch das „Wunderteam", wie die österreichische Nationalmannschaft wegen ihrer zahlreichen Erfolge damals genannt wurde, das Publikum in der Naturarena in Döbling, die bis zu 80.000 Zuschauern und Zuschauerinnen Platz bot.

Als Hans sechs Jahre alt war, nahm der Vater seinen kleinen Sohn erstmals zu einem Match der Vienna mit. Mehrere gemeinsame Stadionbesuche folgten, bevor Hans als Achtjähriger unfreiwillig seine Geburtsstadt verlassen musste. Unvorstellbar zu diesem Zeitpunkt schien, dass der Fußballklub Vienna elf Jahre und viele einschneidende Lebenserfahrungen später Hans' sportliche Heimat werden würde.

Einer der damals besten Vienna-Spieler war der von Richard Menasse verehrte Verteidiger Karl Rainer, der aufgrund seiner technischen Fertigkeiten den Beinamen „Fußballprofessor" trug. Rainer, der auch Stammspieler des „Wunderteams" und zeitweise sein Kapitän gewesen war, sollte Familie Menasse nach der Machtübernahme der Nationalsozialisten 1938 noch auf unangenehmste Weise begegnen.

Während im Wien der späten Zwanzigerjahre das kulturelle Leben zu blühen begann, geriet das Land politisch zunehmend aus den Fugen.

Faschistische Strömungen, die 1933 in der Errichtung der autoritären Kanzlerdiktatur durch Engelbert Dollfuß und Kurt Schuschnigg gipfelten, läuteten das Ende der noch jungen Demokratie ein. Anders als sein 11-jähriger Bruder Kurt, der am 12. Februar 1934 vom Fenster der Wohnung aus die Truppenaufmärsche des Bundesheers und der Heimwehr in der Döblinger Hauptstraße Richtung Karl-Marx-Hof beobachtete, blieb der kleine Hans vom Bürgerkrieg und den darauffolgenden politischen Ereignissen und Umstürzen vorerst gänzlich unberührt.

Im September 1936 wurde Hans in der Volksschule Pantzergasse eingeschult. Bruder Kurt besuchte das Döblinger Gymnasium in der Gymnasiumstraße und die 17-jährige Schwester, die als Schuhverkäuferin tätig war, bereitete sich auf den Auszug aus dem Elternhaus vor.

Das Verhältnis zu seinen Geschwistern war dem großen Altersunterschied entsprechend – elf Jahre zu Trude, sieben Jahre zu Kurt – distanziert, aber gut. Hans empfand seinen Bruder, der kein Interesse an Fußball zeigte und auch sonst nicht viel Zeit mit ihm verbrachte, als sehr ernst und arbeitsam. Schwester Trude, die damals bereits mit einem jüdischen Mann aus einer wohlhabenden Prager Unternehmerfamilie verlobt war, verhätschelte den Nachzügler, wann immer sie zu Hause war.

Die anhaltende innenpolitische Krise, die schlechte Wirtschaftslage sowie die hohe Arbeitslosigkeit bereiteten ein

Von Groß nach Klein: Trude, Kurt und Hans, 1932 in Wien.

günstiges Klima für die Nationalsozialisten, die seit dem Parteiverbot 1933 in die Illegalität gedrängt worden waren und nun schrittweise auf die politische Bühne zurückkehrten. Rassistisch motivierte Gewalttaten im öffentlichen Raum nahmen stark zu und die antisemitische Propaganda verstärkte in breiten Kreisen der Gesellschaft den Hass auf jüdische Mitbürger und Mitbürgerinnen. Obwohl sie ihre Kinder nicht religiös erzogen hatten, versuchten Richard und Dolly Menasse im Hinblick auf den virulenten Antisemitismus stets, die jüdische Identität der Kinder zu verbergen, um sie keiner Gefahr auszusetzen. Wie das Gros der assimilierten österreichischen Juden und Jüdinnen standen die Eltern den politischen Entwicklungen im Land vorerst abwartend gegenüber.

Als am Abend des 11. März 1938 Bundeskanzler Kurt Schuschnigg in einer Rundfunkansprache seinen Rücktritt bekannt gab und in den Morgenstunden des 12. März Truppen der Deutschen Wehrmacht in Österreich einmarschierten, waren der antisemitischen Hetze keine Grenzen mehr gesetzt. Demütigungen, Plünderungen, Übergriffe und Verhaftungen standen an der Tagesordnung, und die von Hans als unbeschwert empfundene Kindheit fand ein abruptes Ende.

# Stigmatisierung, Verfolgung und Beraubung

Im 38er-Jahr habe ich durch Diskussionen bei uns zu Hause mitbekommen, dass es ziemlich schwierig war. Dann sah ich, wie Juden die Gehsteige aufwaschen mussten und Ähnliches. Aber meine Eltern haben mich immer sofort weggestampert und geschaut, dass ich zuhause bin, damit ich möglichst wenig von diesen schrecklichen Geschehnissen mitbekomme.

Am 15. März verkündete Adolf Hitler auf dem Heldenplatz einer Viertelmillion jubelnder Menschen den „Anschluss" Österreichs an das Deutsche Reich. Bis zu diesem Tag war Vater Richard Menasse, der im Ersten Weltkrieg als Soldat der k.u.k. Armee für Österreich gekämpft hatte, der Überzeugung gewesen, ihm und seiner Familie würde auch unter nationalsozialistischer Herrschaft nichts passieren. Umso rascher erkannten die Eltern nach dem Regierungswechsel die Gefahr, die dem Vater sowie den drei als „Geltungsjuden" bezeichneten Kindern, die im Sinne der Nürnberger Gesetze „Juden" gleichgestellt waren, drohen würde. Die Szenarien unmittelbar nach dem „Anschluss" waren düstere Vorboten einer bevorstehenden Katastrophe: In sogenannten „Reibpartien" wurden jüdische Bürger und Bürgerinnen unter dem Gelächter und Beifall zahlreicher Schaulustiger gezwungen, die Wahlparolen Kurt Schuschniggs für die am 13. März geplante und schließlich abgesagte Volksabstimmung „für ein freies und deutsches, unabhängiges und soziales, für ein christliches und einiges Österreich" mit Bürsten von den Gehsteigen zu waschen. Jüdische Geschäftslokale wurden mit Farbe markiert oder geplündert, jüdische Angestellte entlassen, jüdische Lehrende, Studierende sowie Schüler und Schülerinnen aus dem Bildungswesen entfernt. Weitere diskriminierende Maßnahmen – wie das Verbot Parks, Sportplätze oder Schwimmbäder zu betreten – zielten auf die vollständige Verdrängung der Juden und Jüdinnen aus dem öffentlichen Leben ab. Knapp sechs Wochen nach dem „Anschluss" bekam Familie Menasse durch die Schulausschlüsse der beiden Söhne die Ausgrenzungsmaßnahmen der Nationalsozialisten erstmals selbst zu spüren: Nachdem Kurt, der Ältere, im April 1938 aus dem Döblinger Gymnasium ausgeschlossen worden war, besuchte er einige Tage eine „Judenklasse" im Gymnasium Wasagasse im 9. Bezirk, bevor im Juni 1938 alle jüdischen Schüler und Schülerinnen in die jüdische Sammelschule in der Kalvarienberggasse im 17. Bezirk verlegt wurden, in der Kurt noch die 5. Klasse absolvieren konnte. Hans erlebte im Mai seinen letzten Tag in der Volksschule Pantzergasse:

> Ich hatte das Wort „Jude" überhaupt noch nie gehört. Auch in der Schule war keine Rede davon. Es hat nur geheißen, ich muss nicht mehr in die Schule gehen. Aber wieso und warum, habe ich nicht gewusst. Ich wurde nie beschimpft. Ich war gut in der Klasse integriert und beliebt. Und von einem Tag auf den nächsten durfte ich nicht mehr in die Schule gehen. Also bin ich halt zuhause geblieben.

Dieses Zuhause sollte Hans und seiner Familie auch bald genommen werden. Die Eltern sahen nun in der Emigration die einzige Möglichkeit, ihren Kindern eine Zukunft in Sicherheit bieten zu können. Im Mai 1938 ließ sich Richard Menasse, ebenso wie seine Schwestern Gisela und Sofie, bei der Fürsorge-Zentrale der Israelitischen Kultusgemeinde Wien (IKG) für die Auswanderung aus dem Deutschen Reich registrieren. Im Fragebogen gab er an, mit Hans, Kurt und Ehefrau Adolphine nach Argentinien emigrieren zu wollen. Tochter Trude hatte mit ihrem Verlobten bereits selbst einen Fluchtplan geschmiedet.

Es folgten viele Wochen und Monate der verzweifelten Suche nach einer Emigrationsmöglichkeit. Wie Tausende andere auswanderungs-

Auswanderungsfragebogen der Familie Menasse, Mai 1938 (Quelle: Archiv der Israelitischen Kultusgemeinde Wien, Bestand Jerusalem, A/W 2589 35, 1 und 2).

Wohin wollen Sie auswandern? _Argentinien_

Welche Pläne haben Sie für Ihren neuen Aufenthalt?

Welche Mittel stehen Ihnen für die Auswanderung zur Verfügung? _Keine_

Welche Beziehungen haben Sie im Ausland, besonders in dem Land, wohin Sie auswandern wollen?

| | Vor- und Zuname | Wohnort | Genaue Adresse | Verwandtschaftsgrad |
|---|---|---|---|---|
| a) Verwandte | | | | |
| | | | | |
| b) Freunde | | | | |
| | | | | |

Referenzen

Haben Sie einen giltigen Paß? _ja_
Ausgestellt von _Pol. Dir. Wien_     giltig bis _30./VII 38_

## Angehörige

| Verwandtschaftsgrad | Name | Geburtsort | Geburtsdatum | Beruf |
|---|---|---|---|---|
| 1) Frau | Adolfine | Raan bei Freudenthal | 25/IX 1890 | — |
| 2) Sohn | Kurt | Wien | 8/X 1923 | |
| 3) | Hans | " | 5/II 1930 | |
| 4) | | | | |
| 5) | | | | |
| 6) | | | | |
| 7) | | | | |
| 8) | | | | |
| 9) | | | | |
| 10) | | | | |

Welche der obgenannten Angehörigen sollen jetzt und welche später auswandern?
_alle zusammen_

Wien, am _17/VII_   193_8_          _Richard Renasse_
                                              Unterschrift.

willige Personen stellte sich Richard jeden Tag vor ausländischen Konsulaten in Wien an, um eine Einwanderungsberechtigung in ein anderes Land zu erhalten.

Durch einen Konfessionswechsel erhoffte sich der nichtpraktizierende Jude, dem täglichen Rassismus entgehen und die Chancen auf eine Auswanderung erhöhen zu können. Also konvertierten Richard und seine 19-jährige Tochter am 22. Juli 1938 – einen Tag vor der Einführung der Kennkarte für Juden und Jüdinnen – durch die Taufe in der Anglikanischen Kirche (Christ Church Vienna) in der Jaurèsgasse im 3. Bezirk zum christlichen Glauben. An manchen Tagen im Juli 1938 waren es bis zu 200 als „jüdisch" definierte Personen, die von Reverend Hugh Grimes in Massenzeremonien das Sakrament der Taufe empfingen. Letztlich erwies es sich als illusorisch, durch einen Konfessionswechsel die Lebenssituation verbessern zu können, bildeten doch die Nürnberger Gesetze von 1935 seit Mai 1938 auch auf österreichischem Gebiet die festgeschriebene Grundlage für die Verfolgung von Personen jüdischer Herkunft.

Unmittelbar nach dem „Anschluss" setzte parallel zur Entrechtung die systematische Enteignung („Arisierung") der jüdischen Bevölkerung ein. Mit der Vertreibung jüdischer Bewohner und Bewohnerinnen aus ihrem Zuhause sollte den „Volksgenossen" in einer Zeit der Wohnungsnot neuer Lebensraum zur Verfügung stehen, der Zwangsverkauf jüdischer Betriebe und Geschäfte an „arische" Eigentümer und Eigentümerinnen sollte die Wirtschaftskraft des „deutschen Volkes" stärken. Alle Maßnahmen hatten zudem das Ziel, der jüdischen Bevölkerung jegliche Lebensgrundlage zu nehmen, um sie möglichst rasch aus dem Deutschen Reich zu vertreiben.

Im Oktober 1938 wurde Familie Menasse mit dem Entzug ihrer Mietwohnung in der Döblinger Hauptstraße 13 konfrontiert. Eines Tages stand ein Mann vor der Eingangstüre und meldete Anspruch auf jene Wohnung an, in der Richard und Dolly bereits seit 1919 gewohnt hatten und in der ihre Kinder aufgewachsen waren. Der Mann war kein Unbekannter – es war Karl Rainer, der Spieler der Vienna, den Richard Menasse wegen seines ballestrischen Könnens jahrelang bewundert hatte.

Rainer war seit der Abschaffung des Österreichischen Fußball-Bundes im Frühjahr 1938 und der damit verbundenen Auflösung seines Vertrags bei der Vienna bestrebt, vom Profisportlertum in ein bürgerliches Leben überzutreten. Gegenüber der „Vermögensverkehrsstelle", jener Behörde, die für die „Arisierung" und Liquidierung jüdischer Betriebe zuständig war, hatte er bereits im Mai Interesse an der Lederwarenhandlung in der Döblinger Hauptstraße 21 bekundet.

Durch den Umzug von Ottakring, wo er ein kleines Lebensmittelgeschäft führte, nach Döbling, erhoffte sich der gelernte Kaufmann nach dem Ende seiner Fußballkarriere eine Verbesserung der Lebenssituation. Unterstützung bei seinen Enteignungsbestrebungen bekam der ehemalige Nationalteamkapitän, wie damals viele andere prominente Sportler auch, von „Gausportführer" Thomas Kozich, der in seiner Funktion als Stadtrat und Vizebürgermeister Wiens für die Vertreibung Tausender Juden und Jüdinnen aus Gemeinde- und Mietwohnungen verantwortlich zeichnete. Dem angesehenen Fußballstar Rainer gelang es schließlich Anfang Oktober, das nur hundert Meter von der Wohnung der Menasses entfernte Geschäftslokal dem jüdischen Besitzer Jakob Weigel für den äußerst geringen Betrag von 1.055,76 Reichsmark abzupressen. Weigel und seine Ehefrau Ida, die ein nachbarschaftliches Verhältnis zur Familie Menasse pflegten, flüchteten nach dem Verlust ihres Geschäfts von Wien nach Brünn, 1944 wurden sie im Vernichtungslager Auschwitz ermordet.

Als Karl Rainer rasch nach dem „Anschluss" ein geeignetes Geschäftslokal gefunden hatte, machte er sich auf die Suche nach einer nahe gelegenen Wohnung, die seinen Vorstellungen entsprach. Dabei stach ihm die verhältnismäßig große Wohnung der Familie Menasse ins Auge, die – und das war keine Selbstverständlichkeit zur damaligen Zeit – sogar über ein eigenes Badezimmer verfügte. Nur wenige Tage nach der Unterzeichnung des Kaufvertrags für das Ledergeschäft stellte Rainer, der wusste, dass Richard Menasse Jude war, der Familie ein Ultimatum: Drei Tage gewährte er ihnen, die Döblinger Wohnung zu räumen. Im Zuge der Delogierung musste die Familie den größten Teil ihres Hab und Guts, vom Besteck bis zum Mobiliar, zurücklassen. Dieses ging in den Privatbesitz des „Ariseurs" über. Richard, Dolly und die beiden Söhne konnten nur das Nötigste mitnehmen und fanden Unterschlupf in der Wohnung von Großmutter Bertha Menasse in der Liechtensteinstraße 119/22 im 9. Bezirk. Von seiner Oma blieben Hans nur wenige Erinnerungen, etwa, dass sie von korpulenter Statur war,

immer lange, schwarze Röcke trug und hoch oben im 5. Stock wohnte. Seinen Großvater Aron lernte er nicht mehr kennen, er war bereits 1926 eines natürlichen Todes gestorben.

Der brutale Rausschmiss aus der Wohnung führte nun allen Familienmitgliedern die lebensbedrohliche Lage, in der sie sich befanden, deutlich vor Augen.

Von insgesamt rund 60.000 Wohnungen in Wien, in denen jüdische Mieter und Mieterinnen lebten, waren zwischen März 1938 und Mai 1939 44.000

Bertha und Aron Menasse, 1889.

„arisiert" worden. Schließlich verlor Richard Menasse, der für verschiedene Firmen auf Provisionsbasis gearbeitet hatte, mit dem 1939 erlassenen Gewerbeverbot für Juden und Jüdinnen seine Einkommensquelle als selbstständiger Handelskaufmann. Der dreifache Familienvater war somit jeglicher Existenzgrundlage beraubt.

Wenige Tage nach der „Arisierung" der Wohnung fanden die judenfeindlichen Gewaltexzesse im „Novemberpogrom" ihren vorläufigen Höhepunkt. In der Nacht vom 9. auf den 10. November 1938 wüteten im gesamten Deutschen Reich Angehörige der SS und SA unter tatkräftiger Beteiligung der Bevölkerung. Alleine in Wien wurden 42 Synagogen und Bethäuser zerstört, Tausende jüdische Geschäfte geplündert, 27 Juden und Jüdinnen ermordet und mehr als 6.500 verhaftet.

Mehrere Jahrzehnte lang konnte Hans Menasse die Vorgänge, die er als kleines Kind nach dem „Anschluss" auf den Straßen Wiens beobachtet und selbst miterlebt hatte, nicht einordnen. Für den älteren Bruder Kurt waren diese Erfahrungen – vom Schulrauswurf über die Delogierung bis hin zum Pogrom – weitaus einprägsamer:

Ich habe Juden gesehen, die Gehsteige aufwaschen mussten, ich habe im November 38 den Döblinger Tempel brennen gesehen. Das sind für einen 15-Jährigen unauslöschliche Erlebnisse. Ich wollte nur weg, aber das war gar nicht so leicht.

# Die Flucht nach England

*Anfangs war es für mich wie ein Abenteuer.*
*Nur das hat sich schnell geändert.*

Mehrere Monate hatten Hans' Eltern inzwischen versucht, für die ganze Familie eine Einreisegenehmigung in ein anderes Land zu erhalten, als sie aus der jüdischen Presse von der Fluchtmöglichkeit für Kinder mittels sogenannter Kindertransporte erfuhren.

Unter dem Eindruck der bekannt gewordenen dramatischen Ereignisse auf deutschem Reichsgebiet im November 1938 und auf Drängen jüdischer Hilfsorganisationen, erklärte sich der britische Premierminister Neville Chamberlain bereit, vorübergehend gefährdete Kinder und Jugendliche bis zu einem Höchstalter von 17 Jahren aufzunehmen – unter der Bedingung, keine staatlichen Mittel aufbringen zu müssen. Diese sollten per Bahn aus dem Herrschaftsbereich des NS-Regimes ausreisen und mit Sammelvisa nach Großbritannien einreisen dürfen. Diesem Vorbild folgend, erklärten sich schließlich auch die Niederlande, Frankreich, Belgien und Schweden bereit, eine begrenzte Zahl an Kindern ins Land zu holen.

Für die Flucht nach Großbritannien musste von den Hilfsorganisationen für jedes Kind eine Garantiesumme von 50 englischen Pfund für die Reise- und Umsiedlungskosten beim britischen Innenministerium hinterlegt werden. Die meisten Spenden kamen direkt von der Jüdischen Gemeinde in Großbritannien, aber auch die Freikirche der Quäker (Society of Friends), die eine pazifistische Glaubenshaltung vertrat und sich gegen die religiöse Verfolgung von Menschen aussprach, engagierte sich im Bereich der Auswanderungshilfe.

Für die Vorbereitung und Durchführung der Zugfahrten aus Österreich war die Fürsorgezentrale der Israelitischen Kultusgemeinde Wien zuständig, die schon bald nach Übernahme dieser Arbeit in ihren Katastern rund 10.000 Kinder zur Auswanderung führte. Da aber Richard Menasse im Mai 1938 vom Judentum zum Christentum übergetreten war, fielen Hans und Kurt nicht mehr in den Zuständigkeitsbereich der Kultusgemeinde. Über die Anglikanische Kirche erhielten die verzweifelten Eltern einen Kontakt zur Wiener Zentrale der Freikirche der Quäker, die sich um die Auswanderung konfessionsloser jüdischer Kinder sowie „nicht-arischer" Kinder christlichen Glaubens bemühte und mit der IKG die Vereinbarung geschlossen hatte, bei jedem Transport eine Gruppe hochgefährdeter Kinder nominieren zu dürfen.

Nun begann ein Wettlauf gegen die Zeit, bei dem zahlreiche bürokratische Hürden überwunden werden mussten. Richard und Dolly Menasse wandten sich an das Büro der Quäker in der Singerstraße 16 in der Wiener Innenstadt, in dem die Anmeldungen von Hans und Kurt für die Kindertransport-Aktion entgegengenommen wurden.

Die Arbeit der Quäker im Bereich der Kinderauswanderung unterschied sich kaum von jener der Kultusgemeinde. Sie registrierten die auswanderungsbereiten Kinder und leiteten die Anträge an die britische Zweigstelle der Quäker in London weiter, die diese wiederum an die ebenfalls in London ansässige Hilfsorganisation Refugee Children's Movement (RCM) weitergab. Der Auswahlprozess der Kinder fand unter Ausschluss der betroffenen Familien statt. Neben dem Grad der Gefährdung sollten gesunde Kinder mit guten Manieren nominiert werden. Nach der Auswahl in Wien übernahm das RCM die Verantwortung für die Kinder. Sie organisierte ihre Aufnahme in England, die Verteilung an Heime oder Pflegeeltern sowie die Unterbringung in Schulen. Die Reise- und Aufnahmekosten trugen die Mitglieder der englischen Quäker.

Am 1. Dezember 1938 traf der allererste Kindertransport aus der Reichshauptstadt Berlin in England ein. Der erste Zug aus Wien mit

Hans und Kurt Menasse wenige Tage vor der Flucht aus Wien, Dezember 1938.

400 Kindern verließ den Westbahnhof am 10. Dezember. Hans und Kurt wurden von der Quäker-Gesellschaft für den sechsten Kindertransport am 20. Dezember 1938 ausgesucht. Die Eltern erhielten erst ein paar Tage vor dem Abreisetermin eine Benachrichtigung und entsprechende Instruktionen für die Vorbereitung der Kinder. Es blieb noch etwas Zeit, ein Erinnerungsfoto ihrer Söhne in einem Studio anfertigen zu lassen. An diesem frostigen Dienstagabend, wenige Wochen nach dem gewaltsamen November-

pogrom, begann für den 8-jährigen Hans, seinen 15-jährigen Bruder Kurt sowie 132 weitere Kinder am Wiener Westbahnhof die Reise in eine ungewisse Zukunft. Jedes Kind durfte nur einen Koffer, ein Handgepäckstück und zehn Reichsmark mitnehmen. Einen Tag und eine Nacht dauerte die Zugfahrt in das 1.200 Kilometer entfernte niederländische Küstenstädtchen Hoek van Holland bei Rotterdam, von dort setzte ein Schiff vom europäischen Festland in die Hafenstadt Harwich im Südosten Englands über.

Die Tragweite der Entscheidung seiner Eltern verstand Hans zum damaligen Zeitpunkt freilich nicht. In kindlicher Naivität verließ er sich darauf, bis zum Wiedersehen mit seinen Eltern von seinem großen Bruder Kurt beschützt zu werden.

Kurt Menasses Reisepass, 1938.

Jeder von uns hatte ein Taferl mit Namen und Geburtsdatum umge-
hängt. Mein Bruder ist bei mir gesessen als der Zug abfuhr und wir die
winkenden Eltern hinter uns ließen. Die Reise an sich war ganz lustig
und erschien uns eher wie Urlaub oder Abenteuer. Die Eltern hatten
ja gesagt, sie würden bald nachkommen. Ich hatte eine Zipfelmütze,
die oben eine Schnur und eine Quaste hatte. Die anderen Kinder haben mich wegen der Mütze gehänselt und sie mir immer wieder vom
Kopf gerissen. Wir haben geblödelt, gespielt, gerauft. Die Zeit ist für
mich schnell vergangen.

Mit dem Ausbruch des Zweiten Weltkriegs im September 1939 wurde
der Personenverkehr stillgelegt. Bis dahin gelang rund 10.000 als „jü-

disch" definierten Kindern und Jugendlichen aus Deutschland, dem annektierten Österreich und in kleinerem Umfang aus der Tschechoslowakei und der Freien Stadt Danzig die Flucht mittels Kindertransport ins Ausland. Insgesamt 2.844 österreichische Kinder konnten durch die Hilfsaktion vor der nationalsozialistischen Verfolgungspolitik gerettet werden. 2.262 fanden Asyl in Großbritannien, darunter mehrere Hundert von der Quäker-Gemeinschaft ausgewählte Kinder. Die meisten sahen ihre Eltern nach der Verabschiedung am Bahnhof nie wieder.

Zum Zeitpunkt der Abreise ihrer Brüder befand sich Trude in Prag, wo sie am 25. Dezember 1938 ihren Verlobten Herbert Bellak heiratete. Der Sohn einer jüdischen Unternehmerfamilie aus Böhmen, dessen Eltern in Kanada bereits ein kleines pharmazeutisches Unternehmen aufgebaut hatten, reiste Anfang 1939 zunächst ohne seine Frau nach Übersee. Wenige Monate später gelang auch Trude, die noch auf ein Visum warten musste, von der bereits durch die Wehrmacht besetzten Tschechoslowakei aus über Italien, Großbritannien und die Vereinigten Staaten die Flucht nach Kanada. In der Stadt Windsor in der Provinz Ontario, wenige Meilen von der US-Grenze entfernt, wollte sich das junge Ehepaar nun ein neues Leben in Freiheit aufbauen.

Trude Menasse und ihr Ehemann Herbert Bellak vor dem Standesamt in Prag, 25. Dezember 1938.

Auch Richard Menasses Schwestern Gisela (genannt Kitty), Sofie (genannt Sonja) und

Caroline (genannt Lia) konnten Wien rechtzeitig verlassen. Kitty fand mit Ehemann Emanuel Fischer und Sohn Arnold bei Emanuels Geschwistern in Buenos Aires/Argentinien Asyl. Sofie emigrierte gemeinsam mit ihrem Ehemann Ernst Eisinger, einem Vorstandsmitglied der Österreichischen Creditanstalt-Wiener Bankverein, und Tochter Ilse in die Vereinigten Staaten. Lia und ihr Ehemann fanden Exil in England. Richard Menasses vierte und älteste Schwester Johanna (genannt Hanni) trat im März 1938 aus der IKG aus, ließ sich taufen, heiratete einen vermögenden „Arier" und blieb in Wien.

Richard und Dolly Menasses Fluchtpläne scheiterten letztlich einerseits daran, dass sie – im Gegensatz zu den Ehemännern von Gisela und Sofie – weder Geld für die Reise noch familiäre Kontakte im Ausland nachweisen konnten, andererseits an den restriktiven Einwanderungsbestimmungen potenzieller Asylländer, die aufgrund der weltweit anhaltenden Wirtschaftskrise oder aus Angst vor sozialen Unruhen keine oder nur eine begrenzte Anzahl von jüdischen Flüchtlingen aus Deutschland aufnahmen.

Von den rund 210.000 Juden und Jüdinnen, die 1938 in Österreich lebten, gelang etwa 100.000 bis zum Kriegsausbruch im September 1939 die Flucht ins Ausland. Zurück blieben Ältere, Kranke und all jene, denen es nicht gelungen war, Einreisebewilligungen in andere Länder zu erhalten oder die nach der systematischen Enteignung ihres Eigentums schlichtweg nicht die finanziellen Mittel für die Emigration aufbringen konnten.

Ein zweites, von Richard Menasse im Juli 1939 bei der IKG gestelltes Ansuchen um Auswanderung – diesmal in Richtung Italien, wo sich zu diesem Zeitpunkt Tochter Trude befand – scheiterte ebenfalls. Dolly und ihr jüdischer Mann waren nun Gefangene im eigenen Land. Richard blieb nur die Hoffnung, durch den Schutz der Ehe mit seiner nichtjüdischen Frau, den schlimmsten Maßnahmen des NS-Regimes zu entgehen.

# Very well, thank you

Es war kalt und windig, als Hans und Kurt nach der zweitägigen Reise das Schiff im Hafen von Harwich verließen. Sie beherrschten weder die Sprache noch wussten sie, wer sich in dem fremden Land um sie kümmern würde. Mit dem Bus wurden die geflüchteten Kinder in das wenige Kilometer entfernte Dovercourt Bay Holiday Camp, eine zu einem Aufnahmezentrum umfunktionierte Ferienanlage direkt an der Meeresküste, gefahren, wo sie kleine Holzhütten bezogen. Ein nach der Ankunft im Lager durchgeführter Gesundheitscheck der Kinder ergab, dass sich Hans mit Scharlach angesteckt hatte. So wurde er nur 48 Stunden nach dem Abschied von den Eltern auch von seinem älteren Bruder getrennt. Hans wurde in ein nahe gelegenes Krankenhaus gebracht, Kurt blieb im Camp und fühlte sich dem Schicksal ausgeliefert. Um im Flüchtlingslager rasch Platz für Neuankömmlinge zu schaffen, wurden die Kinder innerhalb weniger Tage an Pflegefamilien und Heime verteilt. Kurt musste das bedrohliche Szenario allein bewältigen:

Es ist irgendwie zugegangen wie auf einem Sklavenmarkt. Da sind Leute gekommen und haben sich Kinder geholt, die sie für die Dauer der Verfolgung in Deutschland und Österreich bei sich aufnehmen wollten.

Trotz der Trennung zu Beginn des Aufenthalts hatten die Brüder bei der Vermittlung an Pflegestellen Glück und konnten nach Hans' Genesung vorerst zusammenbleiben. Sie wurden im Jänner 1939 gemeinsam an ein kleines, von einem jüdischen Elektrowarenhändler gestiftetes Heim in London vermittelt.

Während sein Bruder mit einigen anderen Kindern in die Hauptstadt Großbritanniens weiterreiste, verbrachte Hans aber zunächst zwei

Jüdische Kinder treffen an der Waterloo Station in London ein, 2. Februar 1939 (Quelle: ÖNB/Bildarchiv Wien, S 52/11).

einsame Wochen im Spital in Harwich. Von einer strengen Krankenschwester lernte Hans die ersten Worte in der ihm fremden Sprache. Ob er sich wohlfühlte oder nicht, „Very well, thank you" sollte er dem Doktor bei jeder Visite sagen – mehr als nur ein Satz für den einsamen Buben, das Gefühl des Ausgeliefertseins dieser Tage blieb ihm für immer in traumatischer Erinnerung. Von diesem Tag an dauerte es allerdings nur etwa drei Monate, bis der kleine Hans die Sprache nahezu perfekt beherrschte. Nachdem er sich von der Krankheit erholt hatte, folgte er Kurt nach London.

Rund neun Monate lebte das Brüderpaar mit einem Dutzend anderer jüdischer Kinder aus Deutschland und Österreich im Haus mit der Nummer 39 in der Londoner Christchurch Avenue. In dem dreistöckigen Reihenhaus, das sich in einem ruhigen Wohnviertel im Stadtteil Kilburn, im Nordwesten der Stadt befand, kümmerten sich Aufsichts-

und Küchenpersonal um die jungen Geflüchteten. Vormittags besuchten die Kinder die nahe gelegene Salusbury Primary School, nachmittags machten sie die Hausaufgaben oder spielten im Garten hinter dem Haus.

Mit dem deutschen Überfall auf Polen am 1. September und der darauf folgenden Kriegserklärung Großbritanniens und Frankreichs an Deutschland am 3. September 1939 wurden die Schulen in London aus Angst vor dem Ausbruch eines Luftkriegs blitzartig geräumt und die Kinder mit Bussen auf das Land evakuiert. Innerhalb von nur vier Tagen verließen 827.000 Schulkinder die großen Städte Englands. Insgesamt rund 3,5 Millionen Zivilisten und Zivilistinnen – zumeist Kinder, Jugendliche, Mütter und Schwangere – wurden im Rahmen der durch die Britische Regierung geleiteten Operation „Pied Piper" („Operation Rattenfänger") bis zum September 1944 in mehreren Wellen aus den Ballungszentren in das Umland, aber auch in die USA, nach Kanada oder Australien umgesiedelt. In den ländlichen Gegenden Englands nahmen sich Pflegeeltern der unbegleiteten Kinder, unabhängig von ihrer Nationalität oder Konfession, für die Dauer der Kriegsgefahr an.

An diesem Tag trennten sich – bis auf ein einziges kurzes Treffen – die Wege der beiden Brüder für mehrere Jahre. Hans' Schule wurde nach Dunstable, einer Ortschaft in der Grafschaft Bedfordshire, rund 60 Kilometer nördlich von London, umgesiedelt. Kurt, der nach den englischen Gesetzen nicht mehr schulpflichtig war, hatte sich entschlossen, in Ipswich ein unabhängiges Leben zu beginnen. Für den erst 9-jährigen Hans Menasse war die zweite Flucht innerhalb eines Jahres und die Trennung von seiner letzten Bezugsperson nicht leicht zu verkraften:

> Ich war dann ganz allein. Da bin ich verschlossen und schüchtern geworden, habe Nägel gebissen und bin oft rot geworden. Ich war ein verstörtes Kind. Das war mir nicht alles wurscht.

Unmittelbar nach der Ankunft in Dunstable wurden die Kinder an Pflegefamilien verteilt, die vom Staat und verschiedenen Hilfsorganisationen Geld für die temporäre Betreuung der Schützlinge erhielten. Ein Kind nach dem anderen wurde vom Hauptplatz mitgenommen, bis auch Hans an der Reihe war. Beim ersten Paar, das ihn aufnahm, konnte der Bub allerdings nicht lange bleiben: Die Frau wurde wenig später schwanger und die Familie sah sich außerstande, zwei Kinder zu versorgen. Abermals wurde er aus einer kleinen Sicherheit gerissen. In der zweiten Familie, die ihm daraufhin zugeteilt wurde, fühlte sich Hans überaus unwohl.

Don, ein Schulfreund von Hans, der ebenfalls aus London umgesiedelt worden war und mit seinem Bruder Ron bei einem netten, kinderlosen Ehepaar lebte, fragte kurzerhand nach, ob es noch Platz für einen dritten Buben gäbe. So kam Hans schließlich zu jenen Pflegeeltern, die ihn in den darauffolgenden sieben Jahren großziehen sollten.

Das Ehepaar Cook lebte in bescheidenen Verhältnissen in einem kleinen Haus in der Chiltern Road 29, im Norden der Ortschaft. Pflegevater Thomas („Uncle Tom") war von Beruf Maler und Anstreicher und in einer nahe gelegenen Fabrik als Hilfsarbeiter tätig. Pflegemutter Florence („Aunt Flossie") kümmerte sich um den Haushalt, die beiden Katzen und die Hasen im Garten.

Hans' Bruder Kurt war inzwischen nach Ipswich gereist. Doch schon bald nach der Ankunft in der Hafenstadt wurde der damals 16-Jährige als „enemy alien" (feindlicher Ausländer) festgesetzt und vor einem „alien tribunal" (Ausländergericht) über die Beweggründe seiner Flucht nach England verhört. Grund für die landesweite Überprüfung ausländischer Personen nach Kriegsausbruch war die Angst vor der Infiltration durch feindlich gesinnte Emigranten und Emigrantinnen mit deutschen oder österreichischen Einreisepapieren, die eine Bedrohung für die Sicherheit Großbritanniens darstellen könnten. Je nach mutmaßlichem Gefährdungspotenzial erfolgte die Registrierung der Ausländer in drei Kategorien (A, B, C), Kurt wurde nach der Anhörung als „friendly enemy alien" (Kategorie C) eingestuft und entlassen. Im November 1939 kehrte Kurt nach London zurück und heuerte bei einem Schneidermeister im Stadtteil Soho an. In dieser Zeit kam er erstmals mit der österreichischen Exilorganisation Young Austria in Kontakt, die seinen weiteren Lebensweg maßgeblich prägen sollte. Die in ihrer politischen Arbeit für ein freies, demokratisches und unabhängiges Österreich eintretende Vereinigung bot Kurt und vielen Emigranten und Emigrantinnen im Alter zwischen 14 und 25 Jahren einen Zufluchtsort im fremden Land. Die zumeist auf sich selbst gestellten Jugendlichen fanden in den Young-Austrian-Gruppen bei gemeinsam gestalteten Kulturprogrammen, Informations- oder Leseabenden neue Freunde und Freundinnen aus ihrer alten Heimat.

## Eine Kindheit und Jugend im Exil

Was für Kurt Young Austria bedeutete, war für Hans der Pioneer Boys Club – ein Kinder- und Jugendzentrum für Buben, das sich auf der Hauptstraße neben dem Rathaus von Dunstable befand. Hans verbrachte fast jede freie Minute im Klubhaus, in dem die Buben auf mehreren Stockwerken Darts, Schach, Snooker oder Tischtennis spielen konnten. Samstagabend gab es Vorführungen lustiger Filme in einem Raum mit einer kleinen Kinoleinwand, auch Mädchen kamen dann zu Besuch. Unter den Kindern im Boys Club fühlte sich Hans sicher und legte mit der Zeit seine Schüchternheit ab. Aufgrund der vielen neuen Eindrücke hielt sich Hans' Heimweh in Grenzen. Gewöhnungsbedürftig erschien dem 10-Jährigen nur die englische Küche:

Die Gastmutter konnte nicht besonders gut kochen, und die englische Küche ist zudem nicht gut. Zum Frühstück gab es Porridge, das zwar nicht schmeckte, aber satt machte. Und man war damals froh, wenn man satt geworden ist. Später gab es auch Cornflakes. Im Garten hatten wir Hasen. Die haben mir immer sehr leidgetan, wenn sie im Kochtopf gelandet sind. Dann gab es Rabbit Stew mit Yorkshire Pudding.

Hans besuchte die aus London umgesiedelte Acland Central School auf der Britain Street, rund 20 Gehminuten vom Haus der Cooks entfernt. Durch die Schule und noch viel mehr durch den Boys Club, der zum Anker seines neuen Lebens geworden war, fand Hans rasch Anschluss in der ihm fremden Umgebung. Bei der gesellschaftlichen Integration halfen ihm seine Anpassungsfähigkeit, Kontaktfreudigkeit, Neugier und sein außerordentliches sportliches Talent, wodurch es ihm möglich war, mit vielen Kindern unterschiedlicher Herkunft in Interaktion zu treten.

Hans im Garten der Cooks, 1940.

Bald wurde Hans auch in die Hausarbeit mit eingebunden. Zu seinen Aufgaben zählte unter anderem das Sammeln von Löwenzahn für die Hasen, das mehrmals pro Woche gemeinsam mit Uncle Tom in Angriff genommen wurde. Stundenlang musste Hans dann auf dem nahe gelegenen Feld in gebückter

Haltung das Unkraut aus der Erde rupfen, bis ein großer Sack voll war – eine Arbeit, die dem bewegungsfreudigen Kind keinen sonderlichen Spaß bereitete.

Inzwischen war auch Hans' und Kurts große Schwester Trude nach einer Odyssee über Italien, England und die Vereinigten Staaten in ihrem Zielland Kanada angekommen. Von dort aus versuchte sie mit großem Engagement, ihre Brüder aus dem englischen Exil zu sich zu holen. Im Mai 1940 nahm sie Kontakt zur Quäker-Vereinigung auf, um die Reise der Buben zu arrangieren, und informierte Kurt, der sich in London aufhielt, laufend brieflich über die weiteren Schritte:

Nachdem man im Krieg von Wien keine Antwort auf Briefe bekommt, so gilt meine Einwilligung als die der Eltern. Ich schicke Dir auch eine. Wenn die Bewilligung kommt, so werde ich Euch ja bald hierhaben. Ich hoffe, daß ich bis dahin schon gesund bin, um Euch beiden ein recht schönes Leben zu machen. Ich habe bereits ein Zimmer und Möbel für Euch. 2 Couches, Bücherkasten usw., ein echtes Jung-Herrenzimmer. Wir werden jetzt wieder einmal übersiedeln in eine große Wohnung mit Balkon oder Garten, damit Ihr es recht schön habt. Also schau dazu, daß Ihr zusammen reisen könnt. Ich schicke Dir wieder Geld, damit Du Dich vorbereiten kannst, aber sei nicht leichtsinnig, was Dir fehlt, können wir hier kaufen. Ebenso Hansi. Also schreibe bald, viele viele Bussi, Deine Trude. (24. Juni 1940)

Obwohl Trude im Juni 1940 an Tuberkulose erkrankte und sich zur Behandlung in ein Sanatorium begab, hielt sie die über die ganze Welt – von Wien über London, New Jersey und Buenos Aires – verstreute Familie weiter durch einen regen Briefaustausch zusammen. So informierte sie die Eltern über das Wohlbefinden der Söhne in England und schickte Hans und Kurt hin und wieder ein paar Dollar.

Alle Bemühungen der 21-Jährigen, die beiden kleinen Brüder zu sich nach Kanada zu holen, zerschlugen sich am 11. August 1940, dem Tag, als Trude völlig überraschend starb.

Aufgrund der weltpolitischen Entwicklungen gelang es auch Trudes Ehemann Herbert Bellak nicht mehr, die Überfahrt der beiden Buben zu organisieren. Mit dem Kriegseintritt der Vereinigten Staaten infolge des japanischen Angriffs auf die US-Pazifikflotte in Pearl Harbor am 7. Dezember 1941 wurden alle zivilen Reiserouten nach Übersee geschlossen. Trudes frühes Ableben erschütterte die ganze Familie. Mit diesem Schicksalsschlag riss auch die letzte Verbindung zwischen den in Wien ausharrenden Eltern und ihren geflüchteten Söhnen ab. Hans und Kurt blieben, wenn auch nur sporadisch, weiterhin miteinander brieflich in Kontakt. Ein einziges Mal kam Kurt zu Besuch zu den Cooks, Hans wiederum unternahm einen Tagesausflug zu seiner Tante Lia nach London. Da Hans in all den Jahren in Dunstable keinen Kontakt zu deutschen oder österreichischen Kindern hatte, verlernte er – wie viele andere Kinder, die in jungen Jahren in ein fremdes Land kamen – mit der Zeit seine Muttersprache. Auch mit seinem Bruder kommunizierte er später auf Englisch.

Mit Fortdauer seines Aufenthalts entwickelte sich eine recht enge Bindung zwischen Hans und den Pflegeeltern. Ziehvater Tom, der ganz dem Klischee eines englischen Arbeiters entsprach, abends gerne ins Pub ging und Darts spielte, behandelte das Wiener Pflegekind wie seinen eigenen Sohn. Gemeinsam mit dem Brüderpaar Ron und Don wuchs Hans in einer wohlbehüteten Umgebung im Hause Cook auf. Und obwohl sich die neu zusammengefundene Familie abseits des Notwendigen wenig leisten konnte, wurden die Kinder gut versorgt.

Um etwas Taschengeld zu verdienen, begann Hans im Alter von zwölf Jahren, vor Schulbeginn im Morgengrauen, Zeitungen auszutragen. Diese Gelegenheit nutzte der kleine Fußballfan, um sich auf den

Hans, das sportliche Allroundtalent, 1946.

Sportseiten über die Matchergebnisse in den englischen Ligen zu informieren. Aber nicht nur die Sportberichte weckten das Interesse des Buben: Je älter er wurde, desto größer wurde seine Aufmerksamkeit für die Kriegsnachrichten. Durch die Schlagzeilen auf den Titelblättern konnte er sich einen vagen Überblick verschaffen. Wenngleich der junge Bub nicht alles verstand, was er las, war sein größter Wunsch, dass der Krieg bald aufhören möge und den Eltern in Wien nichts passieren würde. Er selbst blieb, auch während der Luftschlacht um England, als die deutsche Luftwaffe von September 1940 bis Mai 1941 Großstädte und Industriegebiete auf der Insel bombardierte, in Dunstable von den Kriegshandlungen verschont.

Ab Ende 1942 wendete sich das Blatt im Krieg der Alliierten gegen Hitler-Deutschland. 1943 marschierten alliierte Truppen in Italien ein, 1944 erfolgte die Landung in der Normandie. Wie Hans durch einen Brief erfuhr, hatte sich sein großer Bruder als Freiwilliger zum Dienst in der britischen Armee gemeldet, um einen Beitrag zu leisten, ihrer beider Heimatland zu befreien.

Sechseinhalb Jahre besuchte Hans die Schule in Dunstable, die er im Sommer 1945 als 15-Jähriger mit der Mittelschulreife abschloss. Während die meisten anderen Schüler und Schülerinnen, so auch seine Pflegebrüder Ron und Don, nach dem Ende der deutschen Angriffe nach und nach wieder in ihre Heimatstädte zurückkehrten, blieb Hans bei seinen Gasteltern Tom und Flossie. Zwischenzeitlich jobbte er als Fahrradkurier bei der örtlichen Apotheke, im Herbst 1945 begann er eine Ausbildung zum Technischen Zeichner in der Entwicklungsabteilung von A.C.-Sphinx Sparking Plug Co., einer in Dunstable ansässigen Fabrik für Automobilzubehör.

## Die Geburtsstunde eines Fußballers

Cricket, Tischtennis, Billard, Schach – es gab kaum eine Sportart, die Hans nicht beherrschte. In der Klubzeitung des Boys Club nannte man ihn den „Master of Sports". Seine größte Leidenschaft galt aber ganz eindeutig dem Nationalsport der Briten: Wenige Wochen nach seiner Ankunft in Dunstable schloss sich Hans, der in Wien den Fußball im Park und auf der Hohen Warte kennengelernt hatte, dem Team des Pioneer Boys Club an. Im Alter von zehn Jahren begann in dem kleinen, englischen Ort die lange Fußballkarriere des Hans Menasse. Auf spielerisch Art eignete er sich dort jene Fähigkeiten an, die ihn später zu einem Nationalteamspieler Österreichs werden ließen.

Fast jeden Tag nach der Schule fanden sich die Buben am örtlichen Sportplatz zusammen, um gemeinsam zu kicken. An den Wochenenden duellierten sie sich mit Vereinsmannschaften aus der Umgebung. Seine außerordentliche fußballerische Begabung, die sich bei den Pioneers

**Pioneers Were In Scoring Mood**

Dunstable Pioneer Boys' first team were in a devastating mood on Saturday, when they beat Aston Athletic, at Dunstable, by 11 goals to nothing. Danny Scott, the Pioneers' outside-right, obtained no fewer than five of the goals, and J. Sweetman, playing his first game for the Pioneers, scored two and proved to be a very dangerous forward. H. Menasse played his usual good game and scored three times, the remaining goal being netted by B. Martin.

Mr. W. Scott, who at short notice refereed the game, carried out his duties in an efficient manner

The Pioneers are now looking forward to to-morrow, when they meet Limbury Baptists, at Dunstable, in the Junior Cup-tie.

Zeitungsbericht über den 11:0-Erfolg der Pioneers über Aston Athletic, bei dem Hans drei Tore erzielte, 1945.

vor allem im Angriffsspiel zeigte, brachten Hans 1945 die Einberufung in das Auswahlteam der Grafschaft Bedfordshire, in dem die besten jungen Spieler der Region in einer eigenen Meisterschaft gegen Mannschaften anderer Grafschaften, wie Kent oder Yorkshire, antraten.

Bald wurden Scouts englischer Großclubs, die sich nach begabten Nachwuchskickern umsahen, auf den kleinen, schmächtigen Buben aus Wien aufmerksam. Im Alter von 15 Jahren erhielt Hans die Einladung zu einem Probematch beim renommierten Derby County Football Club, dessen Kampfmannschaft damals in der ersten englischen Liga spielte. Letztlich kam der Wechsel in die hundert Meilen entfernte Stadt in den East Midlands nicht zustande, da die Verantwortlichen des Klubs Hans' körperlicher Entwicklung noch etwas Zeit geben wollten.

Ein Jahr später bekam er von seinem Lieblingsverein, dem Luton Town Football Club aus der Nachbarstadt, die Möglichkeit, sein Können unter Beweis zu stellen. An den Wochenenden nahm Hans nun regelmäßig an den Meisterschaftsspielen der Colts, wie die Jugendmannschaft des Klubs genannt wurde, teil. Der flinke und trickreiche Stürmer überzeugte in der Nachwuchsliga Bedfordshires insbesondere mit seiner Torgefährlichkeit und entwickelte sich bald zu einem wichtigen Schlüs-

Hans (2. v. l. unten) im Team des Pioneer Boys Club, 1946.

selspieler. In seiner Freizeit verfolgte er als Fan im großen Stadion die Heimspiele der Profis des Luton Town FC, die damals in der zweiten englischen Liga im Spitzenfeld mitmischten.

## Die Geburtsstunde eines Soldaten

Weil infolge der deutschen Besetzung Dänemarks und Norwegens und der Angriffe auf Holland, Belgien und Luxemburg im Frühjahr 1940 die Angst vor Ausländern in der britischen Gesellschaft enorm gestiegen war, entschloss sich die Regierung, alle kürzlich zugewanderten Personen im Alter zwischen 16 und 60 Jahren zu internieren. Kurt Menasse, der zu diesem Zeitpunkt als Schneiderlehrling in London tätig war, wurde im Sommer 1940 verhaftet und in ein Internierungslager auf der Isle of Man, einer Insel zwischen England und Irland, überstellt. Während Hans in Dunstable das erste komplette Schuljahr in seiner neuen Heimat absolvierte, verbrachte Kurt neun Monate hinter einem Stacheldrahtzaun.

Mit dem Ende der unmittelbaren Invasionsgefahr hob die britische Regierung die Restriktionen gegen die deutschen und österreichischen Emigranten und Emigrantinnen schrittweise wieder auf und Kurt wurde aus dem Lager entlassen. Nach einer kurzen Beschäftigungsdauer als Metallarbeiter in der britischen Kriegsindustrie kehrte der damals 18-Jährige nach London zurück. Wenig später lernte er Edith Rosenstrauch (*1924; verh. Menasse, später verh. Wein) kennen und lieben, die 1938 als Kind, gemeinsam mit ihrer Mutter und Schwester, vor dem NS-Terror nach England geflüchtet war. Kurt folgte der jungen Frau nach Leeds, wo Edith eine Modeschule besuchte und Mitglied des Chors und der Volkstanzgruppe der Exilorganisation Young Austria war. Im Juni 1943 heiratete das Paar in der nordenglischen Industriestadt.

Leeds 1943. V. l. n. r.: Beate Gales, Jetti Fränkel (Saliger), Kurt Menasse in britischer Uniform, Rosie Rudich und Edith Rosenstrauch (Menasse).

In der Umgebung seiner Schicksalsgenossen bei Young Austria reifte in Kurt und vielen seiner Freunde der Entschluss,

Kurt Menasse alias Kenneth Marshall, 1945.

dem britischen Militär beizutreten, um gegen Hitler-Deutschland für die Befreiung Österreichs zu kämpfen. Nachdem die Streitkräfte des Vereinigten Königreichs 1943 die Öffnung für Ausländer bekannt gaben, meldete sich der 20-Jährige am 22. November gemeinsam mit einer ganzen Gruppe von Österreichern aus dem Nahbereich von Young Austria freiwillig zum Militärdienst.

Nach einer sechswöchigen Grundausbildung im schottischen Glasgow wurde Kurt Menasse der „King's Old Yorkshire Light Infantry" zugeteilt und später in eine Eliteeinheit versetzt. Zum Schutz erhielt er einen Decknamen, nur die Initialen behielt er bei – aus Kurt Menasse wurde Kenneth Marshall. So sollte sichergestellt werden, dass Soldaten, die in Gefangenschaft der Nationalsozialisten gerieten, nicht als Juden identifiziert werden konnten.

Kurts großer Wunsch, gegen die deutschen Feinde zu kämpfen, löste sich schlagartig in Luft auf, als er zu seinem Leidwesen erfuhr, dass seine Truppe nicht an die europäische Front, sondern in den brutalen Pazifikkrieg entsandt werden würde:

Der Teufel weiß, nach welchen Richtlinien sie die Leute verteilt haben. Ich hab's, würde ich sagen, ziemlich am schlechtesten getroffen. Ich bekam Tropenausrüstung ausgehändigt und fand mich plötzlich auf einem Schiff wieder. Es hat sich schnell herumgesprochen, dass wir auf dem Weg nach Indien sind und in Burma gegen Japaner kämpfen werden.

Vier Wochen dauerte die Überfahrt der 17. Indischen Division nach Bombay. Nach einer kurzen Akklimatisationsphase wurde das Regiment schließlich mit dem Zug quer durch Indien bis an die Grenze Burmas transportiert, um gegen die mit Deutschland verbündeten Japaner zu kämpfen, die die damalige britische Kolonie, das heutige Myanmar, 1942 besetzt hatten. Eine der Hauptaufgaben von Kurts Kompanie bestand darin, die Verbindungslinie zwischen der Hafenstadt Rangun und der Hauptstadt Mandalay zu unterbrechen. In dieser Zeit im burmesischen Dschungel erlebte der junge Soldat zahlreiche schreckliche Kämpfe und sah viele Tote. Etwas später wurde Kurt in die Aufklärungssektion des Hauptquartiers in Burma versetzt, in der er als Kartenleser Spezialeinsätze vorbereitete.

## Ein Lebenszeichen aus Wien

Ich habe keine Ahnung gehabt, von gar nichts. Ich wusste nichts über die Judenverfolgung und auch nichts von Konzentrationslagern. Ich wusste nur, dass es Krieg zwischen Nazi-Deutschland und England gab. Ich habe die Bombardements der Nazis mitbekommen. Und ich wusste aus der Zeitung, wo die alliierten Truppen standen. Ich wusste, dass die Russen auf Berlin zulaufen und die Amerikaner vorrücken. Und irgendwann stand groß in der Zeitung: Der Krieg ist vorbei!

Mit der „Schlacht um Wien" und der Befreiung der Stadt durch die Rote Armee am 13. April 1945 endeten für Richard und Dolly Menasse sieben qualvolle Jahre der Unterdrückung und Verfolgung durch die Nationalsozialisten. Mithilfe des Suchdienstes des Internationalen Roten Kreuzes machten sich die Eltern nun auf die Suche nach ihren beiden Söhnen, die sie in England vermuteten, deren genauen Aufenthaltsort sie jedoch nicht kannten.

Für Hans sehr überraschend, traf im Winter 1945 ein Brief seiner leiblichen Eltern in Dunstable ein. Da er aber in der Zwischenzeit seine Muttersprache völlig verlernt hatte, musste eine Person aus der Ortschaft, die ein wenig Deutsch konnte, den Brief ins Englische übersetzen. Hans erfuhr nun, dass seine Eltern den Krieg überlebt hatten. Die gesamte Dimension des Schicksals seiner Familienangehörigen eröffnete sich ihm jedoch erst schrittweise viele Jahre später:

Nach der „Arisierung" der Döblinger Wohnung durch den ehemaligen „Wunderteam"-Spieler Karl Rainer und der Verschickung der beiden Söhne nach England, lebte das Ehepaar in ständiger Angst vor einer erneuten Delogierung knapp vier Jahre lang in der Wohnung der Großmutter in der Liechtensteinstraße 119/22 im 9. Bezirk. Als im Zuge der „Judenumsiedelungsaktion" des städtischen Wohnungsamts, also der Ghettoisierung der jüdischen Bevölkerung vornehmlich im 2., 9. und 20. Bezirk, das Haus im Frühjahr 1939 zu einem „Judenhaus" mit „Sammelwohnungen" umgewandelt wurde, mussten die Menasses in der enteigneten Wohnung der Großmutter zeitweise gemeinsam mit mehreren fremden Personen auf engstem Raum zusammenleben.

Nach Kriegsbeginn 1939 – Hans lebte bereits in Dunstable – verschlechterte sich die Situation auch für Menschen in den vermeintlich geschützten „Mischehen" dramatisch. Während Richard Menasses Schwester Hanni Augusta mit einem „arischen" Ehemann in einer sogenannten „privilegierten Mischehe" lebte und deshalb keinen direkten staatlichen Verfolgungsmaßnahmen ausgesetzt war, stellte sich die Situation von Dolly und Richard Menasse weitaus prekärer dar. Da in dieser

Konstellation der Hausvorstand als „Jude" galt, wurde ihre Partnerschaft als „nichtprivilegierte Mischehe" eingestuft. Sie mussten in einer „Sammelwohnung" leben, bekamen geringere Lebensmittelrationen und Richard war ab September 1941 zum Tragen eines „Judensterns" verpflichtet. Er war nun denselben diskriminierenden Bestimmungen wie die restliche jüdische Bevölkerung unterworfen. Ausgehverbote, Aufenthaltsverbote in öffentlichen Einrichtungen wie Kaffeehäusern, Kinos oder in Straßenbahnen schränkten das Alltagsleben zusätzlich ein und erschwerten auch die Situation seiner nichtjüdischen Ehefrau enorm.

Im Laufe des Zweiten Weltkriegs und der territorialen Ausdehnung des NS-Reiches griffen Kriegs-, aber auch Privatwirtschaft auf die Arbeitskraft Hunderttausender vom NS-Regime verfolgter Menschen zu. Im Zuge einer Maßnahme der Arbeitsmarktverwaltung wurde Richard Menasse im August 1940 zum Arbeitseinsatz als Bauarbeiter bei der Bauunternehmung Heinrich Schmidt & Co., Hoch- und Eisenbetonbauten im 22. Bezirk verpflichtet. Für einen Hungerlohn von 0,75 Reichsmark pro Stunde, von dem noch Verpflegungskosten und ein Krankenversicherungsbeitrag abgezogen wurden, musste der damals 48-jährige Kaufmann mehrere Jahre tagein, tagaus, bei Hitze und Kälte Schwerstarbeit im Freien verrichten. Unzureichende Essensrationen und inadäquate Arbeitsbekleidung erschwerten die Bedingungen zusätzlich.

Dank der finanziellen Unterstützung durch Trudes Ehemann Herbert Bellak, der von Kanada aus monatlich einen kleinen Geldbetrag nach Wien schickte, konnten sich Richard und Dolly Menasse noch eine Zeit lang über Wasser halten. Mit dem Kriegseintritt Kanadas 1941 verebbte diese Quelle allerdings und es begann ein täglicher Kampf ums Überleben. Auf die Hilfe der in Wien lebenden Schwester Hanni konnte das Paar nicht zählen. Sie entzog sich, wohl auch aus Angst vor Konsequenzen, der familiären Verantwortung und brach den Kontakt zu ihrem Bruder und ihrer Schwägerin ab – ein Verhalten, das Richard der Schwester sein Leben lang nicht verzeihen konnte.

Aufgrund der fürchterlichen Arbeits- und Lebensumstände, mit denen Richard Menasse konfrontiert war, erkrankte er mehrmals schwer und musste sich während der Zeit der Zwangsbeschäftigung einer Darm- sowie einer Gallensteinoperation im Jüdischen Krankenhaus unterziehen. Durch die Arbeit auf verschiedenen Baustellen erlitt er eine chronische Kniegelenksentzündung. Erst im Dezember 1944 wurde er von der Baufirma abgezogen und zur Firma Otto Schmitt in Wien-Josefstadt als Hilfsarbeiter vermittelt, für die er von Jänner 1945 bis Kriegsende Zwangsarbeit verrichtete.

Besonders wehrlos waren dem NS-Terror ältere Menschen ausgeliefert, die oft von ihren verfolgten Angehörigen nicht mehr versorgt werden konnten. Im April 1942 trennten sich aus diesem Grund die Wege der drei in Wien verbliebenen Familienmitglieder. Großmutter Bertha musste in das von der Israelitischen Kultusgemeinde betreute, heillos überfüllte Altersheim in der Seegasse 9 in Wien-Alsergrund übersiedeln, während Dolly und Richard vorerst noch in der Liechtensteinstraße blieben.

Während die Verfolgung der jüdischen Bevölkerung bis 1940 vor allem auf die Entrechtung, Beraubung, Ausbeutung und Vertreibung ausgerichtet gewesen war, zielte das NS-Regime ab 1941 mit der „Endlösung der Judenfrage" auf die systematische Ermordung der europäischen Juden und Jüdinnen ab. In einer groß angelegten Deportationsaktion wurden zwischen Februar 1941 und Oktober 1942 insgesamt 47.035 österreichische Juden und Jüdinnen in 47 Transporten vom Aspangbahnhof im 3. Bezirk in die Ghettos und Vernichtungslager im „Generalgouvernement" deportiert, darunter mindestens 52 Bewohner und Bewohnerinnen aus der Liechtensteinstraße 119. Zu ihnen zählte auch die später berühmt gewordene US-amerikanische Literaturwissenschaftlerin und Schriftstellerin Ruth Klüger (*1931), die 1942, im Alter von elf Jahren, zusammen mit ihrer Mutter Alma, aus der Nebenwohnung der Menasses abgeholt und in das Ghetto Theresienstadt (Terezín) deportiert wurde. Durch einen glücklichen Zufall überlebten sie den Holocaust, kurz vor Kriegsende gelang Alma und Ruth Klüger die Flucht aus einem Nebenlager des KZ Groß-Rosen (Polen).

Hans' Großmutter Bertha hingegen fiel der Vernichtungsmaschinerie der Nationalsozialisten zum Opfer. Sie wurde als hochbetagte Frau am 13. August 1942 aus dem Altersheim in der Seegasse abgeholt und am Aspangbahnhof gemeinsam mit 1.005 weiteren Personen in einen Zug verladen. Das Ziel des Transports mit der Nummer IV/7 war das Ghetto Theresienstadt im Norden der besetzten Tschechoslowakei, das als Durchgangsstation zu den Vernichtungslagern im Osten galt. In Güterwägen zusammengepfercht, dauerte die Bahnfahrt mehrere Tage. Die Deportierten erhielten kaum Nahrung oder Wasser, viele ältere und gesundheitlich angeschlagene Personen überlebten den Transport wegen der unmenschlichen Bedingungen nicht.

In dem zu diesem Zeitpunkt mit rund 50.000 Juden und Jüdinnen maßlos überfüllten und durch die SS schwer bewachten Sammellager in der ehemaligen Festungsstadt herrschten katastrophale Lebensverhältnisse. Mit der steigenden Zahl der Inhaftierten verbreiteten sich Epidemien und Infektionskrankheiten, die aufgrund der unzureichenden medizinischen Versorgung in den meisten Fällen unweigerlich zum Tod führten. Wenige Tage nach ihrer Verschleppung aus Wien verstarb Bertha Menasse am 3. September 1942 80-jährig in Block B IV, einer zu einem Massenquartier umfunktionierten Kaserne. Auf der Todesfallanzeige wird als Ursache Kreislaufschwäche infolge einer Darmerkrankung genannt. Im selben Monat starben im Lager insgesamt 3.941 Personen. Mehrmals täglich fanden Massenbeisetzungen auf einem außerhalb der Stadt angelegten Friedhof statt.

Wenige Monate später – der Großteil der in der „Ostmark" verbliebenen österreichischen Juden und Jüdinnen war deportiert und das Haus in der Liechtensteinstraße bis auf wenige in „Mischehe" lebende Paare geleert worden –, überstellte das Wohnungsamt Dolly und Richard Menasse in eine „Sammelwohnung" in das sogenannte „Judenghetto" beim Donaukanal im 2. Bezirk. Die Wohnung in der Schiffamtsgasse 7 hatte eine kleine Küche, ein Zimmer und ein winziges Kabinett, in der sie mit einer dritten Person unter größten Entbehrungen und in ständiger Angst vor einer Deportation Richards leben mussten.

Zu diesem Zeitpunkt hing das Überleben in „Mischehefamilien" einzig und allein vom nichtjüdischen Elternteil bzw. Partner ab. Im Falle einer durch Scheidung oder Tod aufgelösten „Mischehe" verloren jüdische Familienmitglieder ihren Schutz. Richard Menasse verdankte sein Überleben Ehefrau Dolly, die sich den massiven Einschüchterungsversuchen vonseiten der NS-Behörden widersetzte. Trotz dieses Drucks weigerte sie sich standhaft, sich von ihrem Mann zu trennen.

Nur etwa 5.500 österreichische Juden und Jüdinnen überlebten durch den Schutz nichtjüdischer Familienmitglieder oder als „U-Boote" das Terrorregime der Nationalsozialisten, mehr als 66.000 Personen fielen ihm zum Opfer.

# Rückkehr mit Hindernissen

Als ich den Brief bekommen habe, wusste ich also, dass meine Eltern leben. Ich habe angefangen, mich mit dem Gedanken auseinanderzusetzen, zurückzugehen. Aber das war nicht so einfach: Ich hatte einen guten Job in England, ich habe Fußball gespielt und angefangen, mit Mädchen auszugehen.

Hans vor der Abreise aus Dunstable, April 1947.

Anfang April 1947 war es soweit. Mehr als ein Jahr, nachdem Hans den ersten Brief seiner Eltern aus Wien empfangen hatte, organisierte das Refugee Children's Movement die Rückreise in seine Geburtsstadt. Hätte Hans die Wahlfreiheit gehabt, wäre er vielleicht auf der Insel geblieben. Aus Angst, seinen Eltern das Herz zu brechen, tat er das, was von ihm erwartet wurde und machte sich erneut auf den Weg in eine ungewisse Zukunft. Er kündigte seinen Job, packte seine wenigen Sachen und verabschiedete sich von seinen Freunden und den liebgewonnenen Pflegeeltern, die ihm mit geringen Mitteln eine sorgenfreie Kindheit und Jugend geschenkt hatten.

Die Heimreise begann am Vormittag des 9. April am Londoner Bahnhof Victoria Station, wo Hans vor der Abfahrt am Bahnsteig seine Schwägerin, Kurts Ehefrau Edith, traf, die ihn verabschiedete und ihm Schokolade für die Eltern mitgab. Gemeinsam mit fünf anderen Jugendlichen, die ebenfalls 1938/39 mit einem Kindertransport aus Österreich geflüchtet waren, trat er die Fahrt an. Über Paris sollte die kleine Gruppe zwei Tage später ihr Ziel, den Wiener Westbahnhof, erreichen. Doch auf der Brücke über die Enns – die Demarkationslinie zwischen amerikanischer und sowjetischer Besatzungszone – war vorläufig Endstation. Russische Grenzsoldaten holten die Jugendlichen aus dem Abteil und brachten sie zu einem Bauernhaus. Im ländlichen Nirgendwo

48

gestrandet – der Zug mit den anderen Passagieren setzte die Fahrt fort – wartete bereits ein sowjetischer Major mit einem Dolmetscher, der wissen wollte, warum die Gruppe ohne gültige Papiere unterwegs sei. Anstelle der damals für Reisen zwischen den Sektoren notwendigen Identitätskarte mit ihren vier Seiten in englischer, französischer, russischer und deutscher Sprache und den vielen Stempeln, waren die Jugendlichen nur mit ihren britischen Dokumenten unterwegs gewesen.

Wir haben dann erklärt, wir sind jüdische Kinder, die vor den Nazis geflüchtet sind, und jetzt wollen wir wieder zurück zu unseren Eltern. Der Offizier hat das dann verstanden und *Charascho* gesagt, alles in Ordnung.

Währenddessen traf der Zug in Wien ein. Schockiert stellten die Eltern fest, dass Hans nicht unter den Passagieren war. Von Mitreisenden erfuhren sie, dass mehrere Buben zur Identitätsfeststellung in Niederösterreich von den Russen festgehalten wurden.

Die Jugendlichen übernachteten auf dem Boden im Bauernhaus und bestiegen am nächsten Morgen den ersten Zug nach Wien. Einen Tag später als erwartet, am 12. April 1947, kam Hans am Wiener Westbahnhof an. Der Ort der Verabschiedung wurde achteinhalb Jahre später zum Ort des Wiedersehens:

Wir waren relativ weit hinten im Zug und mussten auf dem Bahnsteig nach vorne gehen. Auf halbem Weg sind sie uns entgegengekommen. Ich habe Kurtl gesehen in der Uniform, und neben ihm war ein Paar. Anscheinend haben mich meine Eltern sofort erkannt. Ich weiß nicht, ob ich sie erkannt habe, ich hatte ja keine Zeit zum Nachdenken. Ich hab' das alles *very strange* empfunden.

Für die Abholung seines Sohnes hatte Richard einen kleinen Lastwagen ausgeborgt. Auf der Ladefläche ging es vom Westbahnhof über die Mariahilfer Straße und den Ring hinüber auf die „Mazzesinsel" – in jenen Teil der Leopoldstadt und Brigittenau, der bis 1938 den höchsten jüdischen Bevölkerungsanteil aufwies. Dort, wo seine Eltern in einer „Sammelwohnung" in der Schiffamtsgasse das Ende des „Tausendjährigen Reichs" überlebt hatten, bezog Hans das kleine Kabinett. Auf der Fahrt bekam der junge Heimkehrer einen ersten Eindruck von seiner Geburtsstadt, die bombenzerstört und grau darniederlag.

## Aller Anfang ist schwer

Unter dem Druck des Krieges, der Entbehrungen und des täglichen Schreckens hatte sich in den Jahren meiner Abwesenheit natürlich alles sehr verändert. Meine Mutter war besonders mitgenommen und hatte nervlich arg gelitten. Unter all diesen Lebensumständen war es natürlich kein Wunder, dass beide Eltern psychisch völlig fertig waren.

Acht Monate bevor Hans in Wien eintraf, war bereits sein Bruder Kurt aus dem Exil zurückgekehrt. Nach einem zweijährigen Militäreinsatz in Südostasien und einigen Wochen im italienischen Neapel erhielt Kurts Bataillon im Sommer 1946 den Marschbefehl in das befreite Österreich nach Bruck an der Mur. Überglücklich trat Kurt, der kurz zuvor erfahren hatte, dass seine Eltern den Krieg in Wien überlebt hatten, die Heimreise an. In der Steiermark angekommen, setzte der britische Besatzungssoldat alle Hebel in Bewegung, Mutter und Vater so schnell wie möglich wiederzusehen und organisierte Zugtickets für sie zu seinem Stützpunkt. Körperlich und seelisch gezeichnet von den Kriegserfahrungen, schlossen Dolly und Richard Menasse im Spätsommer 1946 ihren älteren Sohn wieder in die Arme.

Einige Wochen später wurde der zum Sergeant beförderte Soldat nach Wien versetzt, wo es auch zum ersten Wiedersehen mit seiner Ehefrau Edith, seit seiner Abreise nach Burma 1944, kam. Gemeinsam bezog das Paar in der Nähe des britischen Hauptquartiers im Schloss Schönbrunn, in dem Kurt als Übersetzer arbeitete, eine Wohnung. Im Juli 1947 kam ihr gemeinsamer Sohn Peter im britischen Pavillon des Lainzer Spitals auf die Welt.

Armut, Hunger und Mangelwirtschaft prägten den Alltag der Bevölkerung in den ersten Nachkriegsjahren, die in ganz Wien im Zeichen der Beseitigung der Kriegsschäden und des Wiederaufbaus standen. Nichts war bei seiner Rückkehr im April 1947 wie damals, als Hans im Alter von acht Jahren unter dramatischen Umständen mit einem Kindertransport der Nazi-Verfolgung entkommen war. Und jetzt musste der inzwischen 17-Jährige in der ihm fremd gewordenen Stadt wieder bei null anfangen. Um Hans das Gefühl zu geben, willkommen und umsorgt zu sein, ließ der Vater dem jungen Mann nur wenige Tage nach seiner Rückkehr einen Maßanzug schneidern. Es folgten ein Besuch beim Friseur und bei der Fußpflege im Dianabad. Danach erstrahlte Hans in neuem Glanz, er war nun bereit für den nächsten Lebensabschnitt.

Die Kommunikation der wieder vereinten Familie verlief nicht ohne Schwierigkeiten. Nur mithilfe von Kurt, der in der Anfangszeit die Gespräche dolmetschte, konnte Hans mit seinen Eltern reden. Mühselig musste er sich seine Muttersprache wieder aneignen, eine mit dem Vater bekannte, pensionierte Lehrerin unterstützte ihn dabei.

In den ersten Wochen nach der Rückkehr verspürte Hans immer wieder Heimweh nach England und spielte sogar mit dem Gedanken, zurückzureisen. Er vermisste den englischen Fußball, die englischen Zeitungen und seine Freunde aus dem Boys Club. Nur das englische

Hans und sein Neffe Peter, 1948.     Hans und Hilde, 1953.

Essen ging ihm nicht ab. Er schätzte die Kochkünste seiner Mutter Dolly, die sogar in Zeiten der Nahrungsmittelknappheit im Nachkriegswien bessere Gerichte zubereitete als Flossie, seine Gastmutter.

Nach seiner Rückkehr lebten Dolly, Richard und Hans zu dritt von zwei Lebensmittelkarten. Richard verdiente seinen Lebensunterhalt in der unmittelbaren Nachkriegszeit mit dem Verkauf von kleinen Spielzeugpüppchen, die ein mit ihm bekannter Schneider aus Stoffresten herstellte. Um seine Eltern finanziell zu entlasten, begab sich Hans – anfangs eher widerwillig – auf Arbeitssuche. Nach einem kurzen Intermezzo als Mechaniker in einer Autowerkstatt neben der elterlichen Wohnung im 2. Bezirk kam er durch einen Tipp des Hausmeisters schließlich zu jenem Job, den er in den darauffolgenden 47 Jahren mit Hingabe und Leidenschaft ausüben sollte.

Unterdessen hatte sein Bruder im Oktober 1947 abgerüstet und sich als Kaufmann eines Import-Exportunternehmens für Industriewaren eine Lebensgrundlage geschaffen. 1953 ließen sich Kurt und Edith Menasse scheiden. Im selben Jahr heiratete Hans seine erste Liebe, Hilde Boigner.

## Der Umgang mit der eigenen Vergangenheit und Identität

Je älter ich geworden bin, desto mehr hat mich die jüdische Religion interessiert. Als ich aus England zurückgekommen bin, bin ich der Kultusgemeinde beigetreten. Ganz einfach aus Dankbarkeit. Sie hat ja wirklich alles getan, was in ihrer Macht stand, um meinen Eltern und vielen Juden während des Krieges zu helfen.

Die schwer traumatisierten Eltern versuchten nach 1945 an das Leben vor dem NS-Terror anzuknüpfen und sich in die österreichische Nachkriegsgesellschaft zu integrieren. Sie gingen nun wieder den Beschäftigungen und Hobbys nach, die ihnen sieben Jahre lang verboten waren. Mutter Dolly war des Öfteren nachmittags im Kaffeehaus beim Kartenspielen anzutreffen, Vater Richard besuchte in seiner Freizeit die Fußballspiele der Vienna im Stadion Hohe Warte. Außerdem heuerte er bei „Arabia Kaffee", einem Unternehmen für Kaffee- und Teeimport, das von Konsul Alfred Weiß, einem aus dem italienischen Exil zurückgekehrten jüdischen Geschäftsmann, gegründet worden war, als Vertreter an.

Als Hans nach seiner Rückkehr begann, sich für das Schicksal seiner Eltern während des Krieges zu interessieren, stellte er bald fest, dass sie nur einen minimalen Bruchteil ihrer Erfahrungen preisgaben:

Meine Mutter wollte mir hin und wieder etwas erzählen, dann hat der Vater aber gleich gesagt: „Hör auf, gib' a Ruh'!" Mein Vater wollte überhaupt nicht über das Geschehene reden. Man wollte einfach nichts mehr davon wissen. Das war für alle ein derartig traumatisches Erlebnis, das sie nur verdrängen wollten. Und über den tragischen Tod meiner geflüchteten Schwester kam meine Mutter ihr Leben lang nicht hinweg.

Bis zu ihrem Tod in den 1970er-Jahren sprachen die Eltern weder über die Tragödie um Richards Mutter Bertha noch über die alltäglichen Schikanen, die Angst und das Leid, das ihnen von den Nationalsozialisten zugefügt worden war. Selbst mit ihrer Wohnsituation in der einstigen „Sammelwohnung" für Juden und Jüdinnen in der Schiffamtsgasse 7 – ein Ort mit düsterer Vergangenheit, von dem aus mindestens 53 Menschen in den Tod geschickt wurden – arrangierte sich das Ehepaar.

Obwohl die Eltern keine Lust und noch viel weniger Kraft für eine Konfrontation hatten, ließ es sich Kurt Menasse nicht nehmen, nach seiner Rückkehr – gekleidet in britischer Uniform –, die Wohnung in der Döblinger Hauptstraße 13 aufzusuchen, die der Familie 1938 von Karl Rainer weggenommenen worden war. Er berichtet darüber:

Ich hab' meinen Vater abgeholt, wir sind hinausgefahren, ich hab' angeläutet. Der Rainer hat die Türe aufgemacht, offensichtlich hat er mich noch erkannt. Der starrt, ich sag' nur, ich will mir die Wohnung anschauen. Der hat irgendwie überhaupt nicht reagiert. Ich hab' ihn noch auf die Seite geschoben, weil er im Weg gestanden ist, und bin einfach in die Wohnung hinein. Während des Rundgangs hat er mich die ganze Zeit beschworen, dass er kein Nazi war, nicht in der Partei war und ihm die Wohnung zugewiesen wurde. Ich war in Uniform. Ich hätt' ihm sagen können, was ich will, ich hätt' ihm auch ein paar Watschen geben können.

Letzten Endes blieb es bei diesem „Besuch" von Kurt und Richard Menasse. Mit dem Gedanken, sich die Miete sowieso nicht leisten zu können, legten sie das Thema ad acta. Da es sich um eine Mietwohnung handelte und Rainer – im Gegensatz zu den Menasses – über einen aufrechten Mietvertrag verfügte, hätte die Familie auch in rechtlicher Hinsicht keine Chance auf eine Rückstellung gehabt. Karl Rainer, der 1940 der NSDAP beigetreten war, führte nach Kriegsende die von ihm „arisierte" Lederwarenhandlung in der Döblinger Hauptstraße mit seiner Ehefrau weiter und lebte bis ins hohe Alter in der einstigen Wohnung der Menasses.

Die beiden Söhne verstanden sehr rasch, dass die NS-Ideologie noch in den Köpfen vieler Österreicher und Österreicherinnen verankert war. Wohl auch aus diesem Grund wählten ihre Eltern das Schweigen über die Umstände ihres (Über-)Lebens in Wien von 1938 bis 1945 als Bewältigungsstrategie. Nur langsam begann sich das Ehepaar als Opfer des nationalsozialistischen Regimes zu begreifen. Nach einem erfolglosen Versuch, Versehrtenstufe III nach dem Opferfürsorgegesetz für die durch die Zwangsarbeit erlittenen Qualen zu erwirken, wurde Richard Menasse schließlich 1961 eine Entschädigungszahlung zuerkannt: Nach § 14a des Opferfürsorgesetzes bekam er „für das Tragen des Judensterns" die Summe von 6.000 Schilling zugesprochen.

Erst mit dem Nachfragen der Enkelgeneration kam es schrittweise zu einer Aufarbeitung der Familiengeschichte. Mithilfe seiner Familie setzte sich Hans Menasse in den vergangenen Jahrzehnten intensiv mit der eigenen Fluchtgeschichte und seiner jüdischen Identität auseinander und machte seine Erfahrungen öffentlich. Im Rahmen zahlreicher Zeitzeugengespräche mit Schulkindern, Studierenden oder der Presse berichtete der ehemalige Profifußballer über seine Flucht vor den Nationalsozialisten, das Leben in der Emigration und die Herausforderungen der Reintegration in die ihm fremd gewordene Heimat. 64 Jahre

An dieser Stelle in der Christchurch Avenue stand das Kinderheim, in dem Hans und Kurt die ersten neun Monate im Exil verbrachten, 2002.

später, wagte er im Jahr 2002 mit seiner Tochter Eva Menasse erstmals die Reise zurück an jenen Ort in London, an dem er die ersten Monate im Exil verbracht hatte. In ihrem Romandebüt „Vienna" (2005) ging die Schriftstellerin auf Basis umfangreicher Gespräche mit ihrem Vater Hans und ihrem Onkel Kurt Menasse dem Schicksal der Familie auf den Grund.

Zuletzt wirkte Hans Menasse 2016 an der ORF-III-Dokumentation „Züge ins Leben – Kindertransporte im Zweiten Weltkrieg" mit, im März 2018 sprach er im Rahmen der Eröffnung der gleichnamigen Ausstellung über die Rettungsaktion jüdischer Kinder im Österreichischen Kulturforum Berlin vor zahlreichen Schülern und Schülerinnen.

Hans, der die prägendsten Jahre seiner Persönlichkeitsentwicklung in England verlebt hatte, identifiziert sich bis zum heutigen Tag stark mit den Traditionen und dem Lebensstil auf der Insel.

Links Flossie und Tom Cook, rechts Richard und Dolly Menasse,
1960er-Jahre.

Hans Menasse am Wiener Westbahnhof bei der Gedenkskulptur „Für das
Kind", die an die Kindertransporte von 1938/39 erinnert, 2018
(© Sophie Meisinger).

Zu seinen Pflegeeltern, Tom und Flossie Cook aus Dunstable, hielt er den Kontakt bis zu deren Ableben in den 1980er-Jahren aufrecht. Beruflich und privat zog es den Weltenbummler im Laufe seines Lebens sehr häufig in jenes Land zurück, das ihn aufnahm, als er aus seinem eigenen verjagt worden war.

# Ein Leben für den Fußball

## Der sportliche Neustart

Der Fußballsport wurde zur großen Erfolgsgeschichte von Hans Menasse. Als er im Alter von 17 Jahren aus dem Exil in seine Geburtsstadt zurückgekehrt war, hatte er alle Anbindungen zu seiner frühesten Kindheit in Wien verloren. Er hatte keine Freunde, keinen Job, er verstand, zumindest anfangs, die Sprache nicht und selbst die Eltern waren ihm fremd geworden. Um seine Sehnsucht nach dem Leben in England zu stillen, fuhr er fast täglich mit der Straßenbahn auf die Kärntner Straße in den „English Reading Room" in der Nähe des Hotel Bristol, wo er in englischsprachigen Zeitungen blättern konnte. Wie in seiner Zeit als „Paperboy" in Dunstable las er die Zeitung von hinten nach vorne – zuerst den Sportteil, dann die Nachrichten. Hier fand er Berichte zu seinen beiden Lieblingsvereinen Luton Town FC und Arsenal FC und Informationen über die Geschehnisse in England.

Bald sollte Hans selbst im Mittelpunkt der Sportberichterstattung stehen, wovon heute noch Hefte zeugen, in die sein Vater alle Artikel und Fotos über den Sohn fein säuberlich eingeklebt hat. Ohne zu fragen, hatte ihn Richard Menasse wenige Wochen nach seiner Ankunft in Wien bei seinem Lieblingsverein, der Vienna, angemeldet – im selben Jahr als der berühmte österreichische Schauspieler Paul Hörbiger sein Präsidentenamt bei den „Blau-Gelben" niederlegte. In der unmittelbaren Nachkriegszeit tummelten sich viele hoffnungsvolle Talente im Nachwuchsteam der Vienna, die von keinem Geringeren als dem

Spielerpass von Hans Menasse.

„Wunderteam"- und Vienna-Spieler Leopold Hofmann trainiert wurden. So bestimmte auch in Wien der Fußball weiter das Leben von Hans Menasse. Wenn er am Wochenende nicht selbst mit seiner Mannschaft im Einsatz war, besuchte er gemeinsam mit Vater Richard Fußballspiele auf anderen Sportplätzen, wie etwa die großen Doppelveranstaltungen – zwei Meisterschaftspartien hintereinander – im Wiener Praterstadion.

## Exkurs: Jüdische Funktionäre und Spieler in Döbling

Seit der Gründung des Klubs im Jahr 1894 engagierten sich jüdische Funktionäre und Spieler bei der Döblinger Vienna und leisteten einen essenziellen Beitrag zur erfolgreichen Vereinsentwicklung. Bis auf das Jahr 1938 stand nur zweimal für kurze Zeit ein nicht-jüdischer Präsident an der Spitze des Vereins. Bereits die Vereinsgründung sowie die Anmietung einer ersten Spielstätte auf der Kuglerwiese in Döbling hatte der jüdische Bankierserbe Nathaniel Meyer Freiherr von Rothschild mit seinen finanziellen Zuwendungen ermöglicht. Ihm zu Ehren übernahm der Klub mit den Vereinsfarben blau-gelb die Farben des Hauses Rothschilds. Auch von den frühen Vienna-Funktionären gehörte ein hoher Anteil dem gehobenen jüdischen Bürgertum an. Ihr Mäzenatentum erlaubte 1921 den Bau des Stadions Hohe Warte, das Anfang der 1920er-Jahre das größte Stadion außerhalb der Britischen Inseln war. So trugen die jüdischen Sportfunktionäre, wie etwa Hans Martin Mauthner oder Alexander W. Neumann, zur positiven Entwicklung nicht nur der Vienna, sondern des gesamten österreichischen Fußballsports maßgeblich bei. Durch das Engagement international bekannter Mannschaften für Freundschaftsspiele und viele weitere Veranstaltungen wie Opernaufführungen, Boxkämpfe und große Feuerwerke auf dem Vereinsareal zählte das Stadion auf der Hohe Warte in der Zwischenkriegszeit zu einem sportlichen, gesellschaftlichen und kulturellen Hotspot in Wien.

Die nationalsozialistische Machtergreifung beendete die jüdische Partizipation abrupt, als Juden und Jüdinnen aus dem gesamten Sportwesen entfernt wurden. Viele der ehemaligen jüdischen Sportler und Sportlerinnen sowie Funktionäre und Funktionärinnen wurden Opfer des NS-Terrorregimes – ein Umstand, der später von den ehemaligen Vereinskollegen oft nicht einmal thematisiert wurde. Paradoxerweise erlebte der First Vienna Football Club gerade in den Jahren 1938 bis 1945 seine erfolgreichste Vereinsperiode: Ab 1942 gewann der Verein dreimal hintereinander auf regionaler Ebene die „Gauklasse", auf Reichsebene zog man 1942 in das Finale um die Deutsche Meisterschaft ein und gewann 1943 den prestigeträchtigen „Tschammer-Pokal". Mit Fortdauer des Krieges litten die Döblinger, wie alle Klubs, unter den Wehrmachtseinberufungen ihrer Spieler. Die Vienna verfügte über Mittel und Wege, einige ihrer Spieler länger in Wien zu halten. Dabei war aber nicht der politische Einfluss von hochrangigen Nationalsozialisten entscheidend, sondern das Engagement einzelner Personen. Der langjährige Vienna-Funktionär Curt Reinisch, der seinen Militärdienst als Sachbearbeiter für Personalangelegenheiten in der Sanitätsabteilung Wien versah, dürfte Möglichkeiten gehabt haben, Fußballspieler fern der Front zu halten. So konnte Karl Decker, der blau-gelbe Star während der NS-Zeit, mit nur kleinen Unterbrechungen fast die gesamte Kriegsdauer über für die Döblinger spielen. Mussten trotzdem personelle Lücken geschlossen werden, füllte die Vienna diese durch in Wien stationierte Gastspieler aus dem „Altreich". Während des Krieges gab es für Fußballer die Möglichkeit, abseits ihres Stammvereins auch am Ort ihres Wehrdienstes sportlich tätig zu sein. So spielten im Zeitraum von 1942 bis 1944 nicht weniger als zwölf Gastspieler – darunter die beiden bekannten Hamburger Rudolf Noack und Richard Dörfel – für die Döblinger. Weniger gut überstand das Stadion selbst die Kriegszeit. 1942 fand auf der Hohen Warte das letzte Meisterschaftsspiel statt. Danach hatte die Errichtung einer Fliegerabwehrkanonenanlage den Sportbetrieb unmöglich gemacht, ab 1944 wurde das Gelände durch Bombenangriffe schwer beschädigt. In den letzten Kriegstagen, während der Besetzung der Anlage durch die Rote Armee, ging das Klubhaus in Flammen auf und es kam zu weiteren Zerstörungen.

## Untermieter am eigenen Platz

Mit Kriegsende 1945 bemächtigten sich im Zuge des Zonenabkommens die „United States Forces in Austria" der Anlage. Während die Angehörigen der US-Armee nunmehr auf dem notdürftig instand gesetzten

Hauptfeld Baseball oder American Football spielten, stand den Fußballern der Vienna nur der Nebenplatz zur Verfügung. Auch als Hans Menasse 1947 seine Spielerkarriere in der blau-gelben Nachwuchsabteilung begann, war der Verein nur Untermieter auf der Anlage. Unter diesen Umständen war an einen geregelten Sportbetrieb auf der Hohen Warte nicht zu denken, sodass die Kicker für die Meisterschaftsspiele auf andere Plätze ausweichen mussten.

Trotz dieser widrigen Rahmenbedingungen konnte sich die Vienna auch in der Nachkriegszeit im Spitzenfeld des österreichischen Fußballs halten. Vorerst dominierte auf nationaler Ebene weiterhin der Hauptstadt-Fußball, die Vereine der anderen Bundesländer spielten nur eine Nebenrolle. Auch der spätere Antagonismus zwischen dem SC Rapid und dem FK Austria hatte sich in den 1950er-Jahren noch nicht verfestigt. Neben diesen beiden Teams kämpften regelmäßig auch die Floridsdorfer Admira, Wacker aus Meidling oder die Vienna um die Meisterschaft. Erst allmählich gelang es den Vereinen aus den anderen Bundesländern, den Wiener Klubs Paroli zu bieten und sich dauerhaft in der obersten Spielklasse zu etablieren. Die Vienna profitierte von ihrer erstklassigen Nachwuchsabteilung, in der Hans seine in England begonnene Karriere nahtlos fortsetzte. Wer seine fußballerische Grundausbildung im Mutterland des Fußballs genossen hatte, den konnten die österreichischen Anforderungen nicht schrecken.

Seinem Alter entsprechend begann Hans Menasse seine Spielerlaufbahn in der A-Jugend. Trotz starker Konkurrenz etablierte er sich rasch in der Mannschaft. Er verfügte über ausgezeichnete spielerische Grundlagen und war zudem auch überaus schnell. Im Verwerten von Torchancen zeigte er sich kompromisslos und konnte in einer Fünfer-Sturmreihe jede Position übernehmen. Fünfer-Sturmreihen wurden in Wien damals noch häufig gespielt. Sie gehörten zum aus der Zwischenkriegszeit stammenden, veralteten 3-2-5-System, das eine offensive Spielweise mit präzisem Kurzpassspiel forcierte. Dieser Stil bildete gewissermaßen einen „Donau-Vorläufer" des späteren spanischen „Tiki-Taka" mit langen Pass-Stafetten und viel Ballbesitz. Aufgrund seiner hohen technischen Fertigkeiten passte Hans perfekt in dieses System. Obwohl er im Vienna-Nachwuchs als Mittelläufer seine Karriere startete, spielte er auch als Mittelstürmer sowie Verbinder – also auf der Position zwischen Mittel- und Außenstürmer:

Eigentlich habe ich im Vienna-Nachwuchs als Mittelläufer begonnen, weil die Vienna gerade Jugendmeister wurde und eine sehr gute Sturmreihe hatte. Auf dieser Position bin ich immer wieder durch mein gutes Kopfballspiel aufgefallen, weil mein Trainer, Leopold Hofmann, war ein Freund des Kopfballspiels. Sobald der Ball nur in Kniehöhe war, wollte er, dass man mit dem Kopf hingeht. Meine Spielweise hat ihm getaugt, und ich bin dann schnell in die Sturmreihe gekommen.

Hans' Lieblingsposition blieb die des Stürmers. Dort konnte er am besten seine Schnelligkeit ausspielen:

Die Außenstürmer sollten auf der Flanke als verlässliche Anspielstationen dienen und dann bis zur Grundlinie durchgehen und flanken. Man war mehr Assistgeber als selber Vollstrecker. Vielleicht war ich meiner Zeit voraus, ich habe mich viel bewegt, um mich in unterschiedlichen Positionen anspielbar zu machen. Anstatt auf den Flügel zu ziehen, bin ich auch manchmal nach innen gezogen um selbst abzuschließen. Das hat dem Trainer oft nicht gefallen und die Spieler auf der Ersatzbank haben sich lautstark gemeldet. Natürlich war ich auch goschert, und nachdem ich einmal nach innen durchgebrochen war und ein Tor erzielte, bin ich zur Bank gelaufen und habe ihnen gesagt: „Entschuldigung, jetzt bin ich in die Mitte gezogen und hab ein Tor geschossen!" Da haben dann alle gelacht.

Frühe Filmaufnahmen aus dieser Zeit stützen diese Aussagen. Da sticht der junge Hans, sozusagen als Prototyp eines Arjen Robben, immer wieder nach innen und sucht den Abschluss. Oder er narrt seine überforderten Gegenspieler mit einer Körpertäuschung, geht mit vollem Tempo wieder nach außen an die Grundlinie und flankt den Ball zur Mitte. Eine dritte von Hans bevorzugte Spielvariante war der „Stanglpass" flach zur Mitte, wo schon ein einschussbereiter Abnehmer auf die Kugel lauert. In Spielsituationen, in denen viele seiner Teamkollegen mit dem Spielgerät ihre Probleme hatten, war Hans Menasse mit dem Ball „per Du". Er klebte förmlich an seinem Fuß und wurde von ihm mit großer Eleganz „gestreichelt".

Die „schwindelig" gespielten, gegnerischen Verteidiger versuchten die Sturmläufe der Außenstürmer mit Härte zu unterbinden. Wie man in Wien so schön sagt: Hans wurde dann häufig „abgeklopft", also gefoult. Trotz der vielen auf ihn einprasselnden Schläge und Tritte blieb Hans Menasse stets ein fairer Spieler – eine Tugend, die seinem Naturell entspricht und die er in England verinnerlicht hatte. Während andere Offensivspieler, wie etwa Ernst Ocwirk, aber auch Karl Decker, als „Häferln" bekannt waren, ließ sich Hans nie provozieren. Fast schien es, als würden die Körperattacken ihn dazu motivieren, seine Antwort durch starke Leistungen am Platz zu geben. Nur einmal ließ er sich zu einem Revanchefoul hinreißen:

Beim 1. Simmeringer SC gab es damals ein Brüderpaar, einer Half und der andere Verteidiger. Die haben sehr unfair gespielt und dir vor allem schon vor dem Spiel gedroht. Die haben vor dem Spiel miteinander laut gesprochen: „Gibst du heute dem Menasse eine, oder soll ich?" Im Spiel haben sie mich dann mehrmals gefoult. Wieder wollte mich einer von beiden foulen, aber er ist ausgerutscht und gestürzt. Da bin ich über ihn drüber gesprungen und ihm absichtlich auf die Hand gestiegen. Das war das erste und einzige Mal, dass ich so etwas gemacht habe. Es war ganz gegen meine Art, weil ich eigentlich immer versucht habe, fair zu spielen.

Mehrmals in der Woche fuhr Hans mit der Straßenbahn zum Training auf die Hohe Warte und fand bei der Vienna schon bald Freunde, und was noch wichtiger war, Struktur im Alltag der neuen Umgebung. Am Wochenende fanden die Meisterschaftsspiele statt, Hans kam neben der A-Jugend auch immer öfter in der Reserve der Herrenmannschaft der Vienna zum Zug.

Schwieriger als die Integration auf dem grünen Rasen gestaltete sich vorerst die Arbeitssuche, denn ohne entsprechendem schulischen oder universitären Ausbildungsnachweis war es Hans nicht möglich, seinen in England erlernten Beruf als Technischer Zeichner im Bürokratieparadies Österreich auszuüben. Schließlich halfen ihm seine ausgezeichneten Englischkenntnisse dabei, beim US-Filmverleih Motion Picture Export Association (MPEA) in der Neubaugasse im 7. Bezirk angestellt zu werden. Sein Alltag zwischen Arbeit und Sport wurde nun allmählich zur Routine, für andere Dinge blieb nur wenig Raum:

Wir haben am Anfang zweimal, dann später in der ersten Mannschaft jeweils Dienstag, Mittwoch und Donnerstag am Nachmittag trainiert, weil wir ja im Gegensatz zu den Spielern von der Austria und Rapid alle gearbeitet haben. Nach der Arbeit bin ich aus dem 7. Bezirk zum Ring hinunterspaziert und mit dem D-Wagen auf die Hohe Warte gefahren. Um 17 Uhr war Trainingsbeginn und die Einheit dauerte gut eineinhalb Stunden. Das Training kann man mit heutzutage überhaupt nicht vergleichen. Wir haben zuerst die Torleute eingeschossen. Die Bälle waren damals schrecklich, die waren alle verschieden groß, ausgebeult und eierförmig. Dann sind wir zum eigentlichen Aufwärmen zwei Runden gelaufen und haben im Anschluss verschiedene Frei- und Passübungen gemacht. Mitunter gab es dann als Abschluss auch ein Trainingsmatch. Oft hat mich der Joschi Walter, der damals einer der ersten Spieler war, der ein Auto hatte, nach dem Training in die Stadt mitgenommen.

Zwischen Josef „Joschi" Walter, dem späteren „Mister Austria", und Hans entwickelte sich schnell eine enge Freundschaft, die bis zu Walters Tod im Jahr 1992 andauern sollte. Der Mittelfeldspieler, der vom Wiener Sport-Club (WSC) zur Vienna gewechselt war und 1952 mit der österreichischen Amateurauswahl an den Olympischen Spielen in Helsinki teilgenommen hatte, kam allerdings nur selten in der Kampfmannschaft zum Einsatz. Beruflich hingegen war Walter, der schon früh im Autohandel tätig wurde, höchst erfolgreich. Noch während seiner aktiven Laufbahn übte er die Funktion des Fußball-Sektionsleiters bei der Vienna aus, scheiterte aber mit seinen innovativen Ideen an den konservativen Vorstellungen der alten blau-gelben Führungsriege. Im Herbst 1955 wechselte er zum 1. Simmeringer SC und beendete noch im selben Jahr dort seine Fußballkarriere. Wenig später setzte er seine Funktionärstätigkeit bei Austria Wien fort, zog in deren Vorstand ein und führte als erster „Fußballmanager" den Verein zu einer beispiellosen Erfolgsserie. Unter seiner Ägide gewann der Verein 15 österreichische Meistertitel sowie zwölf österreichische Cuptitel. 1978 gelang den „Violetten" als erstem österreichischen Verein der Sprung ins Europacupfinale. Nachdem die Mannschaft im Halbfinale in einem dramatischen Elferschießen Dynamo Moskau ausgeschaltet hatte, lief es im Finale in Paris gegen Anderlecht nicht mehr so gut und das Match ging 0:4 verloren. Bis zu seinem Tod führte Walter kompromisslos die Geschicke des Vereins und hatte maßgeblichen Anteil am sportlichen und wirtschaftlichen Aufschwung der Austria seit den 1960er-Jahren.

Die Anfangszeit in Wien war für Hans Menasse alles andere als leicht gewesen. In seinem neuen sportlichen Umfeld fand er schnell Bestätigung und Anerkennung. Bei Rückschlägen bekam er allerdings großes Heimweh nach England. Besonders der Boys Club, in dem Hans seine Freizeit in sorgenfreier Gesellschaft Gleichaltriger verbracht hatte, ging ihm ab. Das Fußballtraining bei der Vienna konnte diese spezielle Form der Gemeinschaft nicht ersetzen.

Neben Fußball hatte Hans im Boys Club erfolgreich Tischtennis gespielt. Auch daran knüpfte er in Wien an. Auf Einladung eines Freundes aus dem Vienna-Nachwuchs griff Hans beim „Vienna Ordnance Center", einem Sportverein der US-Besatzungssoldaten im 3. Bezirk, wieder zum Schläger. Schon in seiner ersten Saison 1947 gewann er die Wiener Jugendmeisterschaft im Mannschaftswettbewerb. Später nahm er auch erfolgreich an einem Tischtennisturnier teil, das die Zeitung „Sportfunk" 1952 für Fußballer der Staatsliga veranstaltete. Er besiegte dabei unter anderem die Spielerlegenden Ernst Stojaspal und Karl Decker und musste sich erst im Finale geschlagen geben. Im Umgang mit Bällen aller Art war Hans Menasse überaus talentiert. Im Tennis sollte er später dreimal österreichischer Seniorenmeister im Doppel werden.

## Schneetreiben im Sommer – das Debüt

Ende der 1940er-Jahre vollzog sich bei der Vienna schrittweise ein Generationswechsel. Viele Spieler, die für die sportlichen Erfolge während der NS-Zeit verantwortlich gewesen waren, mussten aufgrund ihres fortgeschrittenen Fußballalters ersetzt werden. 1949 wechselte der junge Karl

Koller aus der niederösterreichischen Provinz nach Döbling. Rund um diesen späteren Rekordspieler der Vienna leiteten die Verantwortlichen die Umgestaltung der Mannschaft ein. Obwohl der Fußballklub damals für seine ausgezeichnete Nachwuchsarbeit bekannt war, gelang nur wenigen jungen Kickern der Sprung in die Kampfmannschaft. Viele hoffnungsvolle Talente scheiterten an den hohen Ansprüchen der Trainer und setzten ihre Karrieren bei kleineren Klubs fort. Als im Mai 1950 mehrere Vienna-Spieler im Zuge einer Auslandstournee infolge einer Schmuggelaffäre verhaftet wurden, stand der Verein vor einem weiteren – diesmal erzwungenen – Mannschaftsumbau. Schon in der Vergangenheit hatten Fußballer mehrerer Vereine Gastspielreisen genutzt, um im Nachkriegsösterreich schwer erhältliche, aber begehrte Waren, wie Uhren oder Teppiche, am Zoll vorbei ins Land zu schmuggeln. In den meisten Fällen klappte das auch, bei der Vienna allerdings ereignete sich 1950 ein aufsehenerregender Skandal: Nach einer Orient-Reise wurden drei Vienna-Spieler bei der Einreise nach Österreich mit Rohopium im Gepäck erwischt. Der Verein zog die Konsequenzen und feuerte die beteiligten Fußballer. Mitten in der Meisterschaft musste nun Trainer Leopold Hofmann, der ehemalige Nachwuchsleiter, diese Abgänge mit jungen Spielern kompensieren.

Eine der nun freigewordenen Positionen betraf jene des rechten Außenstürmers, die vorerst mit dem Nachwuchsspieler Alfred Machan besetzt wurde. Als dieser aber nach kurzer Zeit wegen einer schweren Verletzung ausfiel, standen Trainer Hofmann mit dem jungen Hans Menasse und einem erfahrenen Ersatzspieler nur zwei Alternativen zur Verfügung. Der Trainer suchte Rat bei Führungsspieler Koller, der in Hans die optimale Besetzung für die Position sah.

Trainer Hofmann folgte der Empfehlung, und so gab Hans Menasse am 23. September 1950 auf dem Platz des Wiener Athletiksport Clubs (WAC) beim 7:2-Sieg über den FS Elektra aus der Leopoldstadt sein

Hans am Ball bei seinem Debüt für die Vienna, 23. September 1950 (Quelle: Votava/Imagno/picturedesk.com).

Debüt für die Vienna. Dort auf dem WAC-Platz im Prater, wo Hans in seinem Premierenspiel sein erstes Tor erzielte und als Assistgeber glänzte, sollte er Jahrzehnte später als Ehrenmitglied des Klubs viele schöne Stunden mit seinen Sportfreunden beim Tennis- und Kartenspielen verbringen. Die „Arbeiter-Zeitung" schrieb am Tag nach dem Spiel in ihrem Matchbericht: „Als Rechtsaußen stellte sich der Jugendspieler Menasse vor, der mit erstaunlichem Einfühlungsvermögen die ersten zwei Treffer vorbereitete."

Im Herbst kam der Stürmer noch dreimal zum Einsatz, bis ihn eine Verletzung zu einer Pause zwang. Immer wieder wurde Hans im Laufe seiner Karriere durch Verletzungen oder Krankheiten zurückgeworfen und musste sich mit Disziplin, Durchhaltevermögen und Fleiß zurückkämpfen.

Die Vienna zu Gast bei Olympiakos Piräus in Athen, Mai 1951. Hans Menasse stehend, 2. von rechts.

Die Nachwirkungen der Schmuggelaffäre hatten die Leistungen der Vienna jedoch so stark negativ beeinflusst, dass Trainer Hofmann seinen Hut nehmen musste. Die erzwungenen Abgänge der drei erfahrenen Stammspieler waren sportlich nicht gleichwertig zu ersetzen gewesen. Karl Decker übernahm das Team nun als Spielertrainer. Gegen Ende der Saison 1950/51 kämpfte sich der wiedergenesene Hans eindrucksvoll in die Mannschaft zurück und erzielte in den letzten vier Meisterschaftspartien nicht weniger als sieben Tore. So schoss er Anfang Juni 1951 beim 3:0-Sieg über Vorwärts Steyr alle drei Treffer. Als Lohn für die guten Leistungen im Frühjahr winkte ihm seine erste Auslandsreise mit den Döblingern. Im Mai 1951 tourte die Vienna nach Jugoslawien und Griechenland und absolvierte gut besuchte Spiele gegen Dynamo Zagreb und die drei großen Athener Vereine AEK, Olympiakos Piräus und Panathinaikos.

# Der „Engländer" von der Hohen Warte

Es dauerte nicht lange, bis die Medien auf den jungen Nachwuchsstürmer aufmerksam wurden. Der „Sportfunk", eine der damals größten Sportzeitschriften des Landes, widmete ihm unter dem Titel „Menasse und sein Leibdolmetscher" im Juni 1951 den ersten größeren Zeitungsartikel. Im Mittelpunkt stand die schlanke Gestalt des Shootingstars, die mit einem humoristischen Unterton versehen, dem korpulenten Vienna-Sektionsleiter Richard Schwarz gegenübergestellt wurde. Hans' „Untergewichtigkeit" sollte später noch öfter in der Berichterstattung thematisiert werden, seine jüdische Herkunft spielte hingegen keine Rolle für die Journalisten. Auch im Artikel des „Sportfunks" aus 1951 wurde dieser Aspekt seiner Biografie nur indirekt gestreift, als der Autor Hans Menasse fragte, ob er ein Engländer sei. Dieser antwortete kurz und prägnant, dass er 1938 mit einem Kindertransport nach England verschickt worden war und erst acht Jahre später nach Wien zurückkehrte. Dass zu diesem Zeitpunkt in der Presse die Opfer der nationalsozialistischen Vertreibungspolitik keine Erwähnung fanden, entsprach der österreichischen Nachkriegsmentalität. Über die Geschehnisse und Folgen der NS-Zeit wurde Stillschweigen bewahrt:

Kein Wort ist über diese Dinge gesprochen worden. Ob wer Jude oder Nazi war, das war nie ein Thema bei der Vienna, und ich kannte auch den Werdegang oder den familiären Hintergrund meiner Mitspieler nicht. Heutzutage werde ich immer wieder gefragt, ob ich nicht ein unangenehmes Gefühl hatte, dass ich damals von ehemaligen Nazis umgeben war. Nein, habe ich nicht gehabt – ich habe in England gelebt und wusste nicht, wer ein Nazi war. Auch die Kontroverse um Josef Epp habe ich nicht mitbekommen.

Im Jahr 1946 war auch der damalige Wiener Sport-Club-Spieler Josef Epp vom Österreichischen Fußball-Bund gemäß dessen Beschluss, Personen, die für nationalsozialistische Organisationen tätig waren, von allen Funktionen im österreichischen Fußball auszuschließen, zunächst gesperrt worden. Nach langem Hin und Her wurde die Sperre des ehemaligen „Hitlerjugend"-Führers im selben Jahr wieder aufgehoben, da Epp im Gegensatz zu Mitgliedern der NSDAP oder deren Wehrverbände nach dem besagten Gesetz nicht registrierungspflichtig im Sinne der Entnazifizierungsbestrebungen der Republik Österreich war. Epp konnte seine Fußballkarriere ungehindert fortsetzen. Im Frühjahr 1952 wechselte der Stürmer schließlich zur Vienna, bei der Hans in der Zwischenzeit zu einem Stammspieler avanciert war.

Auf der Hohen Warte spielte Hans Menasse auch mit den beiden Söhnen des bekannten österreichischen Nationalsozialisten Thomas Kozich zusammen, der nach eigenen Angaben als Jugendlicher selbst auch bei der Vienna im Kader stand. Politisch engagierte er sich während der austrofaschistischen Periode als Führer der illegalen NS-Sturmabteilung (SA) in Wien. Unmittelbar nach dem „Anschluss" wurde er zu einem der Vizebürgermeister von Wien ernannt und fungierte später als „Gausportführer" Wiens. Thomas Kozich selbst sah sich als Förderer des Wiener Sports und verschaffte mehreren Fußballspielern nach der Abschaffung des Professionalismus im Sportbereich Anstellungen bei der Stadt Wien. 1947 wurde er als ehemaliger SA-Führer nach dem Verbotsgesetz und wegen Bereicherung in Zusammenhang mit der „Arisierung" einer Villa nach dem Kriegsverbrechergesetz angeklagt und zu zehn Jahren Haft verurteilt. Nach seiner Begnadigung und vorzeitigen Entlassung 1951 fand er eine Anstellung beim Bund Sozialistischer Akademiker. Seine Söhne spielten beide für die Vienna, waren also für längere Zeit mit Hans Menasse im gleichen Team. Aber auch zu den Tätern schwieg die österreichische Nachkriegsgesellschaft. Hans Menasse erfuhr erst im Rahmen dieses Buchprojekts von der nationalsozialistischen Vergangenheit des prominenten Vaters seiner Mannschaftskollegen.

## Der Durchbruch als Stammspieler

Seine guten Leistungen im Frühjahr 1951 verschafften Hans Menasse in der darauffolgenden Saison an der Seite von Stürmer Karl Decker eine Position als Stammspieler. Daneben erhielt der junge Sportler auch eine Einberufung in das Nachwuchs-Auswahlteam der Staatsliga. Zu Beginn war es für Hans nicht einfach, in der Kampfmannschaft der Vienna Fuß zu fassen. Gerade die arrivierten Spieler packten ihre jungen Kollegen recht grob an. Ein spezieller Fall war Sturmstar Karl Decker:

> Wenn Decker gut gespielt hat, konntest du Fehler machen. „Macht nix Bua, nur weiter!", sagte er dann. Aber je schlechter er gespielt hat, desto mehr hat er auf die anderen geschimpft und geraunzt. Den Fredl Umgeher hat er einmal aufs Unflätigste mit Ausdrücken beschimpft, die ich vorher noch nie gehört hatte. Ich war ja damals jung und natürlich sehr entsetzt.

Seine anfängliche Nervosität bekam Hans jedoch bald gut in den Griff. Immer wieder gelang es ihm außerdem, den strengen Altmeister Decker mit guten Vorlagen erfolgreich in Szene zu setzen. An der Seite des Routiniers, der aufgrund seiner mitunter rüden Ausdrucksweise nicht bei allen in der Mannschaft beliebt war, blühte er auf. So war Hans bald nicht mehr aus dem Team wegzudenken.

Zu Beginn der Meisterschaftssaison 1951/52 legte die Vienna mit drei Niederlagen in vier Spielen einen veritablen Fehlstart hin, konnte

Vienna-Reisegesellschaft in Kolumbien, Juli 1952. V. l. n. r.: Ein einheimischer Guide, Rudi Röckl, Karl Koller, Erich Medveth, Hans Menasse.

sich aber wieder stabilisieren. Im Frühjahr steigerte sich die Mannschaft, nicht zuletzt, weil Hans mit Spielertrainer Decker ein starkes Flügelpaar bildete. Der „Sportfunk" sagte dem jungen Außenstürmer schon eine Zukunft im Nationalteam voraus. Doch am Ende der Saison wurde das Erfolgsduo Decker-Menasse auseinandergerissen. Zwar hatte Decker die Vienna nach den Turbulenzen der Vergangenheit schlussendlich auf den dritten Platz in der Meisterschaft geführt, sein harscher Führungsstil wurde ihm aber zum Verhängnis. Ein Großteil der Mannschaft stellte sich gegen den Trainer und zwang die blau-gelbe Vereinsleitung zum Handeln. Decker wurde abgesetzt, ihm folgte der ehemalige Nationalspieler Willy Hahnemann nach. Decker selbst wechselte zu Sturm Graz und wagte später erfolgreich den Sprung nach Frankreich und in die Schweiz. Nach dem Ende seiner aktiven Laufbahn arbeitete er wieder als Trainer und feierte Anfang der 1960er-Jahre als Teamchef mit der österreichischen Nationalmannschaft große Erfolge.

Nach der für Hans persönlich erfolgreichen Saison stand im Sommer 1952 mit einer ausgedehnten Tournee in Kolumbien die erste längere Reise auf dem Programm. In dem südamerikanischen Land hatte sich gerade eine Profiliga etabliert, die unter anderem Spieler wie die spätere Real-Madrid-Ikone Alfredo Di Stéfano mit hoch dotierten Verträgen

Die Abordnung der Vienna vor dem Abflug nach Montevideo in Uruguay.
Hans Menasse stehend auf der Gangway, 2. von oben, Jänner 1953.

lockte. Auch zwei ehemalige Vienna-Spieler, Rudolf Strittich und Ernst Sabeditsch, waren dem Ruf des Geldes nach Kolumbien gefolgt. Neben der Verpflichtung von ausländischen Fußballern sollten auch Freundschaftsspiele gegen namhafte europäische Mannschaften die Popularität der kolumbianischen Profivereine steigern.

Für die Wiener Spitzenmannschaften waren diese Auslandsreisen insbesondere aus finanzieller Sicht von großer Bedeutung, da sie für ihre Auftritte gut bezahlt wurden. Der im Vergleich zu heute überschaubare Meisterschaftskalender ließ den Vereinen viel Zeit für lukrative Auslandsengagements. So kam die Vienna neben den 26 Meisterschaftsspielen auf insgesamt 60 bis 70 Spiele pro Saison. Mit der Ausdehnung des Reiseverkehrs erweiterten sich auch die Möglichkeiten. Neben den klassischen Destinationen in Europa und im Orient reisten die Vereine auch nach Südamerika, Afrika oder in den Fernen Osten. Als Flugreisen in den 1950er-Jahren noch ein Luxus für Privilegierte waren, besuchten die Döblinger im Juli 1952 als erster österreichischer Verein Kolumbien und absolvierten in Bogotá, Medellín und Cali sechs Spiele. Auf den Reisen hatte Hans immer eine Super-8-Kamera dabei. Seine auf der Hohen Warte gezeigten Filmvorführungen nach der Rückkehr des Teams erfreuten sich bei den Beteiligten und deren Ehefrauen und Freundinnen großer Beliebtheit.

Während der Winterpause war Hauptreisezeit bei den Fußballklubs. Im Jänner 1953 saßen die Vienna-Profis abermals im Flugzeug nach Südamerika, um gemeinsam mit Dynamo Zagreb an der prestigeträchtigen „Copa Montevideo" teilzunehmen. In der Hauptstadt Uruguays traf man auf Spitzenmannschaften des Gastgeberlandes sowie auf Vereine aus Brasilien, Chile und Paraguay. Zum Turnierauftakt kam es zum Duell der beiden europäischen Vertreter.

Vor 60.000 Zuschauern und Zuschauerinnen entwickelte sich ein schnelles und spannendes Spiel, das Hans mit dem einzigen Treffer der Partie für die Wiener entschied. Durch einen herrlichen Pass in den freien Raum auf die Reise geschickt, überlief er die jugoslawische Abwehr und bezwang den herauseilenden Tormann mit einem platzierten Schuss ins Eck. In den darauffolgenden Partien spielten sich die Döblinger in die Herzen der südamerikanischen Fans und feierten spektakuläre Erfolge über CSD Colo Colo aus Chile und Club Presidente Hayes aus Paraguay. Von Fluminense FC aus Rio trennte man sich unentschieden, gegen Botafogo FR Rio musste man eine der drei Niederlagen im Turnier hinnehmen. Die Auftritte der Wiener hatten einen derart großen Eindruck hinterlassen, dass die Döblinger für ein weiteres Spiel auf der anderen Seite des Rio de la Plata verpflichtet wurden. In einem Nachtspiel in Buenos Aires erreichte man ein 1:1 gegen Club Atletico San Lorenzo. Nach einem Monat auf dem südamerikanischen Kontinent traten die Döblinger die Heimreise an.

# Mit dem Adler auf der Brust

Im September 1951 konnte zum ersten Mal seit 1942 wieder ein Meisterschaftsspiel der Vienna auf der Hohen Warte ausgetragen werden. Zwar nicht auf dem Hauptfeld selbst, das von US-amerikanischen Besatzungssoldaten noch immer für Baseball und Football genutzt wurde, aber immerhin auf dem adaptierten Nebenplatz, wo sich beim 2:1-Sieg zum Meisterschaftsstart über den Grazer AK 2.000 Besucher eng aneinanderdrängten. Nachdem man sich im Mai 1952 nach zähen Verhandlungen mit der US-Armee auf einen Platztausch geeinigt hatte, erfolgte endlich die Rückkehr der Vienna an ihre alte Wirkungsstätte. Am 8. März 1953 fand das erste Meisterschaftsspiel nach elfjähriger Absenz auf dem großen Platz der Hohen Warte statt. Vor 15.000 Fans besiegten die Döblinger dank zweier Tore von Hans den Linzer ASK mit 3:1. In den darauffolgenden Spielen gegen die Admira und den FC Wien gelang ihm ebenfalls jeweils ein „Doppelpack".

Im April 1953 kam die Austria, Hans' heimliche Liebe, auf die Hohe Warte. Die Hausherren wollten ihre Serie von sieben Siegen in Folge prolongieren. Vor 32.000 Zuschauern und Zuschauerinnen sollte der junge Außenstürmer das Spiel seines Lebens absolvieren und beim 5:2-Sieg nicht weniger als vier Tore erzielen.

Ich habe damals Mittelstürmer gespielt, eine Position die ich eigentlich gerne gespielt habe. Mir ist in diesem Spiel sozusagen alles aufgegangen. Das erste Tor habe ich mit dem Außenrist ins lange Eck erzielt, was für mich relativ ungewöhnlich war. Die weiteren drei Tore, alle in klassischer Manier des Centerstürmers, nach Stanglpässen aus kürzester Entfernung.

Jubel über vier „Bummerl" gegen den Herzensverein, Hans in der Mitte, Josef Epp (Nummer 9) und Otto Walzhofer (Nummer 10), 12. April 1953.

Der „Sportfunk" brachte die Leistung des Döblinger Stoßstürmers treffend auf den Punkt:

Die Austria wurde eigentlich von einem Mann geschlagen: von Hansi Menasse. Er spann immer neue „Intrigen" und war selbst von Kowanz' englischer Härte nicht einzuschüchtern. […] Erstaunlich mit welcher Ruhe er dem widerspenstigen Leder seinen Willen aufzwang und stets das machte, was man am wenigstens erwartete. Dieses schmächtige Bürschchen schien mit Energien gedopt. Unglaublich, was er aus den Beinen und Lungenflügeln herausholte. Er war immer um die berühmte Zehntelsekunde schneller am Ball, besaß einen unstillbaren Torhunger und drängte sich Walter Nausch für größere Aufgaben auf. Austrias Verteidigung wußte sich keinen Rat.

Mit dieser Leistung hatte sich der junge Stürmer auch in das Notizbuch von Bundeskapitän Walter Nausch gespielt. Nachdem Hans in den vergangenen Wochen in absoluter Hochform agiert hatte – von März bis April 1953 erzielte er in fünf Meisterschaftspartien elf Treffer –, erhielt er als Anerkennung seine erste Einberufung ins österreichische Nationalteam.

Ich war damals mit meinem Vater in der Stadt unterwegs Gewand kaufen. Beim Schwedenplatz haben wir auf die Straßenbahn gewartet. Da läuft uns der Walter Schleger von der Austria über den Weg. Wir begrüßen uns und er sagt mir gleich, dass ich am Wochenende im Team spiele. Ich denke mir, na bumm, was für eine große Ehre, im B-Team auflaufen zu dürfen. Sagt der Schleger: „Nein, im A-Team!" Im A-Team? Das gibt's doch nicht, sag ich. Ja, er hat es gerade im Radio gehört, sagt er. Mein Vater war genauso überrascht wie ich, aber er hat sich natürlich sehr gefreut und war unheimlich stolz. Leider konnte er mich nicht live spielen sehen. Nach Ungarn konnte er nicht mitfahren, und bei der Partie gegen Jugoslawien in Wien lag er im Spital.

Nur 14 Tage nach seiner Glanzleistung über die „Violetten" warteten nun also die ungarischen Olympiasieger von 1952 um Nándor Hidegkuti, Sándor Kocsis und Ferenc Puskás auf den jungen Flügelflitzer. Für sein Debüt hätte sich Hans keinen stärkeren Gegner wünschen können, galt doch die „Goldene Elf" Ungarns als beste Nationalmannschaft der Welt und als hoher Favorit für die Weltmeisterschaft im darauffolgenden Jahr. So sollten die Magyaren von Mai 1950 bis zum WM-Finale in Bern 1954 32 Pflichtspiele in Folge unbesiegt bleiben.

Vor 45.000 begeisterten Zuschauern und Zuschauerinnen im Budapester „Megyeri úti stadion" feierte Hans sein Debüt in der österreichischen Nationalmannschaft. Der junge Mann, der 1938 aus seinem Heimatland vertrieben worden war und dessen Vater gekennzeichnet mit dem „Judenstern" in Wien Ausgrenzung und Demütigung durch seine Mitbürger erfahren hatte, streifte nun das weiße Trikot mit dem Bundesadler über.

Es war für mich sehr emotional und ich kann mich noch gut erinnern, dass es mir kalt über den Rücken gelaufen ist, als die österreichische

Einlauf der österreichischen Nationalmannschaft. Hans zwischen Ernst
Happel (vorne) und Karl Koller, 26. April 1953 (Quelle: Votava/Imagno/
picturedesk.com – 19530426_PD0031).

Nationalhymne gespielt wurde. Ich glaube, dass ich auch deshalb in
beiden Spielen nicht an meine in der Meisterschaft gezeigten Leistungen anknüpfen konnte, weil ich viel zu nervös war.

Angeführt von den Verteidigern Ernst Happel, Karl Stotz, dem Mittel-
feldstrategen Karl Koller und dem Mittelstürmer Robert Dienst, bildete
Hans in der österreichischen Auswahl zusammen mit Theodor „Turl"
Wagner das rechte Flügelpaar. Der Teamdebütant startete nervös in die
Partie und konnte seine technischen Vorzüge nur selten gegen die kompromisslos hart agierende ungarische Verteidigung ausspielen. Während
das österreichische Team generell zu behäbig und umständlich agierte,
versuchte Hans seine Mitspieler schnell mit dem richtigen Anspiel zu
bedienen. So konnte er in seiner wohl besten Aktion den einzigen Tref-

Rainer Hinesser schießt nach Pass von Hans ein. V. l. n. r.: Mihály Lantos, Rainer Hinesser, József Zakariás, László Budai und Hans Menasse.

fer der Österreicher vorbereiten. Über Wagner kam der Ball zu Hans, der ihn gegen den ungarischen Verteidiger Mihály Lantos erfolgreich behaupten konnte. Mit einer Körpertäuschung löste er sich vom Gegner und spielte den perfekten Lochpass auf Sturmkollegen Rainer Hinesser. Dieser startete im richtigen Augenblick und verwertete rund eine Viertelstunde nach Anpfiff das ideale Zuspiel zum Führungstreffer der Österreicher. Mit Fortdauer des Spiels bekamen die Gastgeber die Österreicher jedoch unter Kontrolle und glichen zwei Minuten vor der Pause aus.

In der zweiten Hälfte bewahrte Tormann Walter Zeman mit Glanzparaden und die Verteidigung mit einer geschlossenen Leistung das Nationalteam vor einer Niederlage. Hans' Länderspielpremiere endete 1:1.

Nachdem die Vienna dank der Tore ihres rechten Flügelstürmers fulminant in die Frühjahrsmeisterschaft gestartet war, rutschte die Mannschaft, die lange Zeit im Spitzenfeld lag, nach zwei Niederlagen in Folge auf den vierten Platz zurück. Im Endspurt um den Titel schienen die konditionellen Defizite der Spieler ein besseres Abschneiden unmöglich zu machen. Für den schlechten körperlichen Zustand der Mannschaft machte der Vereinsvorstand Trainer Willy Hahnemann verantwortlich, der schließlich im August 1953 durch einen alten Bekannten von Hans, seinen Jugendtrainer Leopold Hofmann, ersetzt wurde. Trotz des mannschaftlichen Rückschlags war Hans durch starke Partien im Frühjahr zu einem der blau-gelben Führungsspieler aufgestiegen. In 20 Meisterschaftsspielen hatte er 14 Tore erzielt, allein im Frühjahr zwölf Treffer in zehn Begegnungen.

In der darauffolgenden Saison, 1953/54, kehrte Hans unter Trainer Hofmann auf seine Stammposition am rechten Außenflügel zurück. Aufgrund der guten Leistungen in der Liga machte er sich berechtigte Hoffnungen, in den österreichischen Kader für die bevorstehende Weltmeisterschaft in der Schweiz einberufen zu werden. Nach einer ausgezeichneten Saison schaffte Hans Anfang Mai 1954 problemlos den Sprung in den erweiterten österreichischen WM-Kader, der vierzig Spieler umfasste. Doch unmittelbar nach der Bekanntgabe erkrankte er schwer:

Mit Ernst Melchior von der Austria und Robert Körner von Rapid hatte ich auf meiner Position im Team starke Konkurrenz. Trotzdem bin ich für den vorläufigen WM-Kader nominiert worden und habe mir große Hoffnungen gemacht. Aber leider habe ich eine infektiöse Gelbsucht bekommen und war plötzlich gelb wie ein Postkastl. Davon hatte ich einen Leberschaden, bin vier Wochen im Spital gelegen und musste ein Jahr strenge Diät halten. Damit war es vorbei mit der WM.

Der Traum von der Weltmeisterschaftsteilnahme war für Hans geplatzt. Melchior und Körner hingegen traten die Reise in die Schweiz an. Von der Vienna waren nur Karl Koller und Kurt Schmied, der als Hauptprotagonist der „Hitzeschlacht von Lausanne" österreichische Fußballgeschichte schreiben sollte, im Aufgebot dabei. Wäre Hans gesund geblieben, hätte er mit großer Wahrscheinlichkeit dem österreichischen WM-Kader angehört. Während er sich im Spital erholte, erkämpfte die Nationalmannschaft mit dem dritten Platz das historisch beste österreichische Resultat bei einer Fußballweltmeisterschaft.

## Von der Enttäuschung zurück zum Erfolg

Der österreichische Auftritt in der Schweiz blieb nicht ohne Folgen für die heimische Meisterschaft. Schon damals waren Fußballgroßereignisse eine gute Gelegenheit, sich in das Blickfeld ausländischer Spitzenklub zu spielen. Vor dem Turnier hatten sich die Spieler und der Verband darauf geeinigt, die Altersbeschränkung für Auslandstransfers für österreichische Spieler von 30 auf 28 Jahre herabzusetzen. Viele der arrivierten Teamspieler machten sich nun Hoffnungen auf ein lukratives Engagement in ausländischen Ligen. Speziell der französische Profifußball, der schon in den 1930er-Jahren eine Reihe österreichischer Legionäre angezogen hatte, weckte das Interesse der Kicker. Nach der WM wechselten zahlreiche Leistungsträger der Nationalmannschaft nach Frankreich, und auch andere Spieler heimischer Klubs folgten dem Ruf europäischer Spitzenklub. Obwohl der Vienna-Stürmer Otto Walzhofer sich bereits mit dem RC Lens über ein Engagement einig war, verweigerte ihm der Verein die Freigabe. Im Gegensatz zur Konkurrenz mussten die Döblinger zum damaligen Zeitpunkt also keinen namhaften Abgang hinnehmen.

Bevor die Meisterschaft der Saison 1954/55 startete, feierte die Vienna im August ihr 60-jähriges Jubiläum. Am 1. August trafen die Döblinger in einer freundschaftlichen Begegnung in Altötting auf den FC Bayern, den sie locker mit 4:1 besiegten. Dabei zeigte der genesene und topfitte Hans eine ausgezeichnete Leistung, bereitete den ersten Treffer vor und erzielte das vierte Tor selbst. Immer wieder stiftete er mit seinen dynamischen Flankenläufen heillose Verwirrung in der Abwehr der Münchner. Mitte August standen zwei internationale Freundschaftsspiele gegen Royal Antwerpen und die Wolverhampton Wanderers in Wien auf dem Jubiläumsprogramm. In der Partie gegen die Belgier erzielte Hans den einzigen Treffer. Nach einer Flanke, die der gegnerische Tormann verpasste, nutzte er die Unordnung in der belgischen Abwehr und köpfelte den Ball ins leere Tor.

Am 15. August gastierte der regierende englische Meister mit vier Nationalspielern, angeführt von Teamkapitän Billy Wright, auf der Hohen Warte. Im Dauerregen entwickelte sich ein spannendes Match, das 2:2 endete. Mitte Oktober reisten die Döblinger zur Retourbegegnung nach Wolverhampton. Im Stadionprogrammheft der Wolves wurde Hans Menasse mit der englischen Fußballlegende Stanley Matthews verglichen – eine große Ehre für den jungen österreichischen Stürmer, der auf der gleichen Position wie Matthews spielte. Zwar trennten sich die beiden Mannschaften torlos, doch Hans konnte den Vorschusslorbeeren gerecht werden. So berichtete die britische Zeitung „Northern Daily Telegraph" von dem Spiel: „Menasse the Austrian international right-winger, was another who caused panic in the Wolves defence."

Am eigentlichen Geburtstag des Vereins, dem 22. August 1954, stellten sich die Döblinger in den Dienst der guten Sache und bestritten zugunsten der Opfer des „Jahrhunderthochwassers" in Passau ein Spiel gegen den 1. FC Nürnberg. Die von Rapid-Legende Franz Binder trainierten Franken konnten mit 2:1 besiegt werden.

Wenige Tage danach startete die Meisterschaft in die neue Saison. Als Favoriten gingen Rapid, Austria Wien, SC Wacker und Vienna ins Ren-

Hans Menasse, Anfang der 1950er-Jahre.

nen. Außenseiterchancen hatten ferner noch die Floridsdorfer Admira sowie der Wiener Sport-Club (WSC), der 1953 wieder in die oberste Spielklasse zurückgekehrt war. Man durfte gespannt sein, wie die einzelnen Mannschaften die personellen Abgänge verkraften würden. Rapid musste Ernst Happel ersetzen, die Austria ging mit Ausnahme der WM-Teilnehmer Ernst Ocwirk und Karl Stotz mit einer unerfahrenen Mannschaft in die neue Spielzeit. Im Gegensatz zur Konkurrenz war die Transferzeit auf der Hohen Warte ruhig verlaufen. Als neuer Mittelstürmer wurde nur der aus Döbling stammende Herbert „Tscharri" Grohs vom Grazer SC verpflichtet. Zusammen mit Grohs bildeten Otto Walzhofer, Hans Menasse, Karl Jericha und Hermann Sühs die blau-gelbe Sturmreihe. Kurt Schmied, der „Held von Lausanne", hütete das Tor, vor ihm verteidigte das erfahrene Abwehrtrio Alfred Umgeher, Rudolf Röckl und Karl Nickerl. WM-Teilnehmer Karl Koller übernahm die Spielgestaltung und sollte die Stürmer erfolgreich in Szene setzen.

Gleich beim Meisterschaftsauftakt auswärts gegen Aufsteiger SW Bregenz erzielte Hans das einzige und entscheidende Tor zum Sieg. Nachdem man bei der Heimpremiere den Linzer ASK mit 3:1 in die Schranken wies, wartete mit Rapid in Runde drei der erste wirkliche Prüfstein. Das Duell der beiden WM-Torhüter Schmied und Zeman wurde zur erwarteten knappen Partie, in der Hans bereits nach sieben

Minuten die Vienna in Führung brachte. Doch nach dem Ausgleich durch Rapid und zahlreichen weiteren Chancen der Hütteldorfer mussten die Döblinger letztendlich froh sein, einen Punkt für das Unentschieden gerettet zu haben. Auch wenn die Vienna nach den ersten drei Runden die Tabellenspitze übernommen hatte, war die Vereinsführung unzufrieden mit der Sturmreihe. Grohs blieb nach seinem Wechsel zur Vienna hinter den in ihn gesetzten Erwartungen, und mit Ausnahme von Hans liefen die anderen Stürmer ihrer Normalform noch hinterher. Dennoch konnten die Döblinger mit zwei Siegen in den nächsten beiden Runden die Tabellenführung verteidigen.

Aufgrund seiner überzeugenden Leistungen wurde Hans von Bundeskapitän Walter Nausch für das Ländermatch gegen Jugoslawien am 3. Oktober nominiert. Mit Torhüter Schmied, Läufer Koller und Stürmer Walzhofer standen drei weitere Vienna-Spieler im österreichischen Aufgebot. 60.000 Besucher und Besucherinnen verfolgten im Wiener Praterstadion das ausverkaufte Spiel, in dem Hans mit Otto Walzhofer das rechte Flügelpaar bildete. Hans, der die meiste Zeit seiner Karriere mit der Nummer 7 auflief, wurde von den beiden Spielmachern Ocwirk und Koller auf dem rechten Flügel immer wieder als Anspielstation gesucht. Er begann etwas nervös und zeigte anfangs ungewohnte Fehler bei der Ballannahme. Immer wieder setzte ihm das harte Spiel der Jugoslawen zu. Doch mit Fortdauer der Begegnung gewann er an Selbstvertrauen und konnte sich am Flügel immer öfter von seinem Gegenspieler entscheidend lösen. Aus einem dieser Vorstöße resultierte auch das erste Tor der Österreicher. Hans überlief einen Verteidiger am Flügel, ging bis zur Grundlinie durch und brachte eine scharfe Hereingabe zu Walzhofer, der den Ball zur Führung ins Tor schob. Obwohl die Österreicher über große Strecken des Spiels dominierten, endete die Partie unentschieden 2:2. Wie schon bei seinem Debüt konnte Hans seine Nervosität nie ganz ablegen. Trotz der Vorarbeit zum ersten Tor blieb er im Nationalteam hinter seinen Leistungen aus der Meisterschaft zurück.

Zurück im nationalen Titelkampf wartete im nächsten Heimspiel mit dem am Tabellenende liegenden Grazer AK eine dankbare Aufgabe. Doch die Döblinger mussten sich dem Außenseiter überraschend mit 0:1 geschlagen geben. Damit war die Tabellenführung verloren. Auch in der nächsten Partie auswärts gegen den SV Kapfenberg hatten die „Blau-Gelben" Probleme. Wieder war es Hans, der mit dem einzigen Treffer der Partie den Sieg fixierte. Mit seinen drei Toren – zweimal das einzige Tor des Spiels – hatte er seiner Mannschaft schon fünf Punkte gesichert. In der Folge entwickelte sich der Kampf um die Tabellenführung zu einer Angelegenheit zwischen Rapid, dem WSC und den Döblingern. Zwischenzeitlich hatten die Hütteldorfer die Tabellenführung übernommen. Aufgrund der ausgezeichneten Defensive, die wenige Tore zuließ, konnte die Vienna die Führung nach dem vorletzten Match der Hinrunde wieder zurückerobern. Mit einem 3:1 Sieg gegen die Austria im eigenen Stadion ging die Vienna schließlich als führendes Team in die Winterpause. Der WSC mit einem Punkt Rückstand und Rapid folgten auf den Plätzen. In der Hinrunde konnten sich die Döblinger auf ihre starke Verteidigung verlassen, die in 13 Spielen nur elf Tore zuließ. Sorgenkind blieb allerdings der Angriff, der nur 25 Tore erzielt hatte, während für die direkte Konkurrenz, den Wiener Sport-Club 41 und für Rapid sogar 45 Treffer, zu Buche standen.

## Ein Meistertitel zum (langen) Abschied

Die Herbstmeisterschaft war beendet, für die großen Vereine folgte nun die Zeit der lukrativen Auslandsspielreisen. Die Vienna plante wieder eine Tournee in Südamerika, die letztlich aber an den finanziellen Forderungen der Döblinger scheiterte. Auch eine zweite Möglichkeit – eine Reise nach Mittelamerika – zerschlug sich. Um die enttäuschten Spieler, die an der Gage solcher Auslandsengagements finanziell beteiligt waren, bei Laune zu halten, versuchte der Vorstand das Scheitern der geplanten Tournee als positive Fügung zu deuten: Nun könne sich die Mannschaft ohne Reisestrapazen voll und ganz auf den Titelgewinn konzentrieren, lautete die neue Marschrichtung. Das verstimmte Team allerdings forderte die Vereinsleitung zur Zahlung einer Entschädigung für den Verdienstausfall auf. Der Vorstand reagierte trotzig und lehnte vorerst eine Vergütung ab. Um den Frieden im Klub zu wahren, erhielten die Spieler etwas später doch eine kleine Entschädigung.

Nach der erzwungenen Ruhepause startete Hans optimal in die Frühjahrssaison, erzielte in den ersten fünf Spielen drei Treffer und rettete damit der Vienna wieder fünf Punkte. Am 17. April 1955 erzielte er beim 1:1 gegen den Grazer AK das einzige Tor der Döblinger. Es sollte jedoch sein letztes Goal sowie sein letzter Einsatz in dieser Saison gewesen sein: Am 1. April trat Hans seine Stelle als Pressechef der österreichischen Dependance der US-Filmproduktionsgesellschaft „Paramount" an und konnte sich keinen Urlaub für die bevorstehende Oster-Tournee nach Frankreich und Belgien nehmen. Mit dem Vienna-Vorstand abgesprochen, versuchte er zumindest eine Freistellung für das Turnier in Antwerpen zu bekommen. Als er der Mannschaft ein paar Tage später nachreisen wollte, verzichtete die blau-gelbe Führung plötzlich auf seine Dienste. Als Hans daraufhin, wie in solchen Fällen üblich, eine finanzielle Entschädigung verlangte, wies der Verein seine Forderung vehement zurück. Daraufhin erklärte Hans, so lange nicht mehr für die Vienna spielen zu wollen, bis er die entsprechende Zahlung erhielte. Aufgrund des Zerwürfnisses mit dem Vorstand machte er sich immer konkrete Gedanken über einen Vereinswechsel. Doch ein Transfer in der damaligen Zeit war nur möglich, wenn der abgebende Verein eine Freigabe erteilte. Wollte ein Spieler ohne dessen Genehmigung seinen Verein verlassen, konnte er das nur nach Saisonende machen und musste eine entsprechende „Stehzeit" in Kauf nehmen, in der er nicht spielen durfte. Hans hatte bald genug vom Verhalten der Vereinsverantwortlichen und verweigerte seine Teilnahme an den bevorstehenden Spielen. Die Vienna sah sich zu keinem Entgegenkommen bereit, die Situation schien verfahren. Durch die Vermittlung von Trainer Hofmann kam es schließlich zu einer Einigung, mit der beide Seiten leben konnten, und Hans beendete seinen Streik. Im Meisterschaftsendspurt, der sich für die Döblinger zu einem Kopf-an-Kopf-Rennen mit dem WSC entwickelte, wurde Hans nicht mehr berücksichtigt. Trotz der Einigung schien die Vienna-Führung an ihrem aufmüpfigen Spieler ein Exempel statuieren zu wollen und versetzte ihn in die zweite Mannschaft. Stattdessen wurde aus dem Nachwuchs das 16-jährige Sturmtalent Johann „Hans" Buzek hochgezogen und in der Angriffsreihe der Kampfmannschaft eingesetzt.

Die Entscheidung im Titelrennen fiel in der allerletzten Runde. Die Vienna hatte bei besserem Torverhältnis einen Punkt Vorsprung auf den Rivalen WSC aus Dornbach. Mit einem Sieg gegen die Austria im letzten Spiel wäre der Vienna der Gewinn der Meisterschaft nicht mehr zu nehmen gewesen. Der WSC konnte nur auf einen blau-gelben Umfaller hoffen und selbst seine letzte Partie auswärts gegen den Grazer AK gewinnen, um die kleine Chance auf den Titel zu wahren. Die Döblinger gingen siegessicher in ihr letztes Saisonspiel, unterlagen jedoch nach dürftiger Leistung der Austria mit 1:3. Gebannt wartete man auf das Ergebnis aus Graz. Die Tageszeitung „Bild-Telegraf" schilderte die Ereignisse am Finaltag wie folgt:

Funktionäre des WSC hatten von der Pressekabine des Stadions aus nach Graz einen Telefonsonderdienst eingerichtet. Die erste Hiobsbotschaft trug zwar nicht zur Hebung der Stimmung in der Döblinger Kabine bei, denn sie lautete: 20 Minuten vor Schluß führt der WSC 1:0. Die nächsten Minuten wurden den Spielern und Funktionären zur Qual. Da, mit einem Male der erste Hoffnungsstrahl. Der laufende Kurier meldete: Die Partie steht wenige Minuten vor Schluß 1:1. Die Aufregung stieg auf den Höhepunkt…und dann ein einziger Freudenschrei aus der Kehle eines treuen Döblingers, der die Wände des Stadions erzittern ließ: Wir sind Meister, der WSC spielte in Graz nur 1:1 unentschieden! Spieler und Funktionäre der Vienna fielen sich um den Hals. Der Jubel war unbeschreiblich. Der Zeugwart der Vienna war ob des Glücks so gerührt, daß er in Tränen ausbrach.

Die Meistermannschaft der Vienna 1955. Hans Menasse stehend, 3. von rechts.

Hans' späterer Tennisdoppelpartner und WSC-Spieler Walter „Maxl" Horak hatte gegen Spielende eine Riesentorchance der Dornbacher in Graz vergeben. Viele Jahre danach meinte er scherzhaft, die Vienna dadurch zum Meister gemacht zu haben.

Mit ein wenig Glück hatten es die Döblinger in einer bis zuletzt spannenden Saison geschafft, den Titel auf die Hohe Warte zu holen. Die Mannschaft von Trainer Hofmann fuhr somit 1955 die sechste und bis dato letzte Meisterschaft für die Vienna ein. Punktegleich mit dem WSC stand die Vienna mit 39 Punkten aus 26 Spielen dank des besseren Torverhältnisses an der Tabellenspitze. 17 Siege hatten die Döblinger gefeiert und dabei nur 26 Tore hinnehmen müssen. Bester blau-gelber Torschütze war mit 19 Treffern Otto Walzhofer. Bis zum 17. April hatte Hans in allen Spielen der Saison für die Vienna gespielt und in 18 Meisterschaftsbegegnungen sieben Tore erzielt. Der Verzicht der Vereinsführung auf Hans im Endspurt hätte sich beinahe gerächt. Letzten Endes konnten sich die Döblinger auf ihre starke Verteidigung und Tormann Kurt Schmied verlassen. Ausschlaggebend waren aber auch externe Faktoren: Einerseits die Spielerwechsel nach Frankreich vor der Saison, die die blau-gelbe Konkurrenz schwächten. Andererseits, dass die Döblinger Reisepläne im Winter geplatzt waren und die Mannschaft dadurch frisch und ausgeruht in die Rückrunde starten konnte.

## Der Abgang aus Döbling

Nach dem Vorfall rund um die Oster-Tournee in der Meistersaison war das Verhältnis zwischen Hans und dem Vienna-Vorstand nachhaltig gestört. Der inzwischen 25-Jährige pendelte zwischen erster Mannschaft und Reserve und kam in der gesamten Saison nur auf sieben Einsätze in der höchsten Klasse. Dies hatte aber nichts mit seinen sportlichen Leistungen zu tun, wie die Freundschaftsspiele in England bestätigten, an denen Hans teilnehmen durfte. Im September 1955 reisten die Döblinger zum wiederholten Male ins Mutterland des Fußballs und trafen dort auf den Burnley FC. Dem 2:2 steuerte Hans ein Tor bei. Hatte er

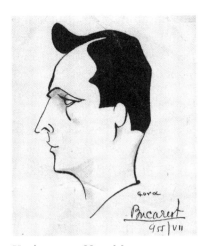

Karikatur von Hans Menasse von einer Freundschaftsspielreise nach Bukarest, August 1955.

in seiner Jugend im Nachwuchsteam des Luton Town FC viele Tore erzielt, war dies nun sein erstes Tor auf englischem Boden gegen eine englische Mannschaft im Erwachsenenbereich. Burnleys Bürgermeister bereitete den blau-gelben Gästen, für die Hans – wie auf vielen anderen Reisen auch – dolmetschte, nach dem Spiel einen Empfang im Rathaus. Das lokale Blatt „Northern Daily Telegraph" widmete dem „Rückkehrer" einen eigenen Artikel. Unter dem Titel „Hans tells his story – in English" berichtete der Vienna-Spieler von seiner Flucht vor den Nazis, der Kindheit und Jugend auf der Insel und seinen fußballerischen Anfängen im Nachwuchs des Luton Town FC – jenem Klub, dem er sein Leben lang als Fan treu blieb. Im Juni 2018, mehr als 70 Jahre nach seinem letzten Spiel für die Luton Town Colts, erhielt Hans eine Einladung des Vereins als Ehrengast dem letzten Heimspiel der Saison beizuwohnen und mit den Spielern und Fans den Aufstieg seiner „Hatters" in die „Football League One", die dritte englische Liga, zu feiern.

Im November 1955 kehrte Hans Menasse ein letztes Mal als aktiver Fußballer nach England zurück: Beim Spiel gegen Sunderland AFC gelang es den Döblingern, dank dreier Treffer von Hans Buzek, einen 1:4-Rückstand in ein 4:4 zu verwandeln. Trotz guter Leistungen in den Freundschaftsspielen blieb die sportliche Situation für Hans Menasse unbefriedigend. In ihm reifte immer mehr der Gedanke, die Döblinger zu verlassen. Doch der Verein wollte ihn nicht ziehen lassen und lehnte alle Angebote anderer Klubs ab. Im Juni 1956 reiste die Vienna als erster österreichischer Verein nach Israel. Dort trafen die Döblinger im Rahmen einer Tournee in fünf Spielen auf das israelische Nationalteam und Spitzenvereine des Landes.

Diese Reise war für mich natürlich etwas ganz Besonderes, und neben den Spielen war diesmal auch genug Zeit für die Besichtigungen der historischen Stätten. Ganz am Anfang der Reise hat uns ein israelischer Reiseführer gesagt, dass in diesem Land Juden aus 71 Ländern leben. Das hat mich sehr beeindruckt. Meine Herkunft war bei der Reise kein großes Thema, aber der Sühs Hermann ist aufgrund seines Namens gefragt worden, ob er Jude ist.

Vienna-Reisegesellschaft in Israel, Hans Menasse ganz rechts, Juni 1956.

Die Reise schien Hans zu beflügeln, der in Topform aufspielte, um den Vereinsverantwortlichen zu beweisen, dass es ein Fehler wäre, auf ihn zu verzichten. Eine auf dem Rückflug erfolgte Aussprache mit Vienna-Funktionär Hans Bruckner gab Hans die Hoffnung, sich wieder in die Mannschaft spielen zu können. Es stand außer Streit, dass er sich aufgrund seiner Leistungen eine Chance verdient gehabt hätte. Das Einlenken der Vienna hatte offenbar auch taktisches Kalkül, da Otto Walzhofer zu 1860 München wechseln wollte. Doch Walzhofers Transfer platzte, und Hans blieb weiter nur die Reservistenrolle. Nun fasste er den endgültigen Entschluss, die Döblinger nach einem Jahrzehnt zu verlassen. Allerdings brauchte er dazu einen Verein, der gewillt war, sich finanziell mit der Vienna zu einigen.

Hans Menasses größter Wunsch war es, endlich für seinen Herzensverein – die Austria – spielen zu können. Doch die Vienna zeigte sich unbarmherzig und verweigerte erneut die Freigabe. Erst im Jänner 1957 kam wieder Bewegung in die Sache: Durch die Errichtung einer Flutlichtanlage im November 1956 hatte sich die Vienna finanziell übernommen und brauchte dringend Einnahmen. Die Austria, die Interesse an einer Verpflichtung von Hans zeigte, sah sich aber vonseiten der Vienna mit einer astronomischen Ablösesumme von 120.000 Schilling konfrontiert. Zum damaligen Zeitpunkt wäre weniger als die Hälfte marktüblich gewesen.

Da die Austria diese Summe nicht bezahlen konnte, blieb Hans vorerst auf der Hohen Warte. Im Juni demonstrierte er beim 4:1-Sieg über den 1. Simmeringer SC einmal mehr seine Torgefährlichkeit und schoss drei Tore. Die Vienna beendete die Meisterschaft auf dem zweiten Platz, mit nur einem Punkt Rückstand auf Meister Rapid. Damit hatten sich die Döblinger für den Mitropapokal qualifiziert, in dem das Team jedoch schon in der ersten Runde gegen Vasas Budapest ausschied. Das Rückspiel gegen die Ungarn am 6. Juli 1957 sollte für Hans auch der letzte Einsatz im blau-gelben Dress werden. Nach drei Jahren im Nachwuchsbereich und 113 Meisterschaftsspielen in der Kampfmannschaft zwischen 1950 und 1957, in denen er 55 Tore erzielte, zog er einen Schlussstrich bei der Vienna.

Wenige Wochen später wurde bei Hans Menasse im Zuge einer Routineuntersuchung ein Schatten auf der Lunge festgestellt. Der behandelnde Arzt erteilte dem Leistungssportler umgehend ein einjähriges Spielverbot. Durch die Vermittlung seines Freundes Joschi Walter bekam Hans einen Untersuchungstermin bei einem Spezialisten in der Schweiz. Dabei stellte sich heraus, dass der Schatten nicht lebensbedrohlich sei und Hans nach einer intensiven Therapie wieder voll einsatzfähig werden könne.

Dank der Hilfe von Joschi Walter klappte nach einer 18-monatigen Spielpause, in der sich Hans von seiner Lungenkrankheit erholte, der erhoffte Wechsel zur Wiener Austria. Im Winter 1958 einigte sich die Austria mit der Vienna darauf, Hans bis Saisonende auf Leihbasis zu verpflichten. Händeringend suchten die „Veilchen", die sich seit der Vorsaison in einer sportlichen Krise befanden, Verstärkung im Angriff. Die Zugänge Hans Menasse und der Italiener Carlo Matteucci sollten die Stürmerreihe um Horst Nemec, Johann Riegler und Walter Schleger stabilisieren. Doch auch mit den neuen Kräften blieben die Leistungen der Austria im Frühjahr schwankend. Auf Traumpartien folgten unerklärliche Umfaller. Im April 1959 kam es auf der Hohen Warte zum Aufeinandertreffen mit Hans' Ex-Klub. Die Austria besiegte den Gastgeber mit 5:2, Hans erzielte dabei einen Treffer gegen seine ehemaligen Kollegen.

Das Grundproblem der Austrianer blieb aber die fehlende Konstanz. Ein enttäuschender vierter Platz – mit 15 Punkten Rückstand auf Meister Rapid – stand zu Saisonende zu Buche. Die Austria zog die zuvor mit der Vienna vereinbarte Kaufoption auf Hans nicht. Für die „Veilchen" hatte er in zehn Meisterschaftsspielen im Frühjahr drei Tore erzielt. Nach der krankheitsbedingten Spielpause konnte der Flügelspieler nicht mehr an

Die Austria-Sturmreihe im Frühjahr 1959. V. l. n. r.: Hans Menasse, Johann Riegler, Horst Nemec, Peter Hrncir und Walter Schleger.

sein gewohntes Leistungsvermögen anschließen. So beendete er im Juli 1959 seine Karriere in der höchsten österreichischen Liga.

Zu diesem Zeitpunkt befand sich Hans mit 29 Jahren im besten Fußballeralter. Das erkannten auch einige Teams der unteren Ligen, die den Routinier mit lukrativen Handgeldern lockten. Doch auch für einen Wechsel zu einem unterklassigen Team bedurfte es einer Freigabe durch die Vienna, bei der Hans noch offiziell gemeldet war. Da trat Otto „Stopperl" Fodrek – ein „bunter Hund" im Wiener Fußball – auf den Plan, der Hans nach Schwechat lotsen wollte. Der gelernte Schneider hatte seine fußballerische Laufbahn beim WAC verbracht und später als Fitnesstrainer, Masseur und Talentscout gearbeitet. Als „Schmähbruder" kannte er die gesamte österreichische Fußballszene, so auch den Hansi aus Döbling:

Der Fodrek hat zu mir gesagt, ich soll bei ihnen spielen. Aber ich gehörte noch der Vienna und konnte so nicht einfach weg. Dann hat er gesagt: „Pass auf, ich mach das, dass du von der Vienna wegkommst, wenn du ein halbes Jahr bei uns spielst." Mit List und Tücke hat er um 500 Schilling die Freigabe für mich bekommen. So habe ich ein paar Spiele gemacht und war nach einem halben Jahr wieder frei.

Später spielte Hans noch für den ESV Heiligenstadt, bis ihn der ehemalige Wacker-Spieler Theodor Brinek im Sommer 1961 zum Kremser SC in die Regionalliga Ost holte. Hans wechselte ferner noch zu SC Helfort aus Ottakring und hielt sich danach bei den Spielen der

Treffen deutscher und österreichischer „Alt-Internationaler". Stehend v. l. n. r.: Hans Menasse, Karl Stotz, Gerhard Hanappi; sitzend v. l. n. r.: Otto Walzhofer, der ehemalige DFB-Bundestrainer und Weltmeister Josef „Sepp" Herberger, Walter Haummer, Weltmeister Fritz Walter, Adalbert Kaubek, Schwenningen 1965.

Die ehemaligen Internationalen des FC Antel mit Gründer Franz Antel. Sitzend v. l. n. r.: Alfred Körner, Franz Antel, Otto „Stopperl" Fodrek; stehend v. l. n. r.: Giuseppe Koschier, Johann Buzek, Hans Menasse, Walter „Maxl" Horak, Franz Hasil, Karl Koller, Richard Brousek (Quelle: Alexander Tuma/ picturedesk.com – 20040326_PD16678).

„Alt-Internationalen", einem Zusammenschluss ehemaliger Nationalspieler, fit. Mit Freunden und fußballerischen Wegbegleitern spielte er auch in verschiedenen Prominentenmannschaften, wie etwa bei dem vom Filmregisseur und ehemaligen Vienna-Präsidenten Franz Antel gegründeten FC Antel.

Im Frühjahr 1964 kam auf Hans eine neue sportliche Herausforderung zu: Er sollte den Verein Raxwerke Wiener Neustadt aus der niederösterreichischen Landesliga vor dem sicher scheinenden Abstieg retten. Mit Hans als Leitfigur startete der abgeschlagene Tabellenletzte furios ins Frühjahr und besiegte im ersten Spiel gleich Tabellenführer Tulln mit 5:0. Mit zwölf Toren in 13 Spielen hielt Hans schließlich die

Wiener Neustädter in der Liga. Auch im nächsten Jahr sicherte er mit seinen Toren den Klassenerhalt und verließ den Klub erst nach dem unabwendbaren Abstieg in der Saison 1965/66. 30 erzielte Tore in 43 Meisterschaftsspielen machten deutlich, welch hohe Qualität Hans noch im fortgeschrittenen Fußballeralter besaß.

## Hans, der Austria-Funktionär und sein Besuch beim Arsenal FC

Im Sommer 1966 beendete Hans Menasse endgültig seine aktive Fußballkarriere. Da der „Sportsman" aber noch viel Energie und Motivation hatte, begann er sich intensiv seiner zweiten großen Leidenschaft, dem Tennisspiel, zu widmen. Beim WAC im Prater fand er eine neue sportliche Heimat. Ab 1969 übernahm er als Sektionsleiter die angeschlagene Fußballabteilung des ehemaligen Meisters von 1915. Damals gehörte der WAC zu den nobelsten Sportadressen Wiens und blickte auf eine traditionsreiche Vereinsgeschichte als einer der bedeutendsten Allroundsportvereine Österreichs zurück. Der Betrieb der WAC-Fußballsektion konnte aber in den Nachkriegsjahren aufgrund der hohen Kosten nur mit größter Mühe aufrechterhalten werden. Für die Saison 1971/72 holte Hans den jungen Rapidler Hans Krankl auf Leihbasis zum WAC. Der Trainer der Hütteldorfer, Gerdi Springer, hatte das Talent des Stürmers verkannt. Im Gegensatz dazu erkannte die Austria-Führungsriege um Joschi Walter und Trainer Karl Stotz das Potenzial des späteren „Goleadors", die ihn gerne verpflichtet hätte. Ein direkter Wechsel zum violetten Rivalen wäre jedoch undenkbar gewesen, weshalb die Austria und der WAC gemeinsam einen Plan schmiedeten. Im Leihvertrag mit Rapid sollte Hans Menasse eine Kaufoption verankern, Hans Krankl verpflichten und ihn dann an die Austria weiter transferieren. Letzten

„Wienbledon"-Tennisturnier organisiert von Eiskunstlauf-Olympiasieger Wolfgang Schwarz. V. l. n. r.: Hans Menasse, Wolfgang Schwarz, Joschi Walter, 1980er-Jahre.

Endes scheiterte der Plan am Rapid-Funktionär und späteren Präsidenten Heinz Holzbach, der die Kaufoption trotz eines exorbitanten Angebots in Schilling-Millionenhöhe ablehnte. So konnte Krankl vom WAC nur ausgeliehen werden. In der Kampfmannschaft des Zweitdivisionärs zeigte der junge Stürmer sofort seine Qualitäten und erzielte in der Meisterschaft beim 9:2-Sieg über den SC Hinteregger Wien acht Tore. 1980 scheiterte ein weiterer Versuch der Austria, Krankl diesmal vom FC Barcelona über den First Vienna Football Club, zu verpflichten.

Hans Menasse setzte alles daran, dem strauchelnden WAC aus der Krise zu helfen. Der geschickte Netzwerker holte zuerst das Favoritner Textilunternehmen Tlapa als Trikotsponsor an Bord, später gewann er die Anglo-Elementar Versicherungs-AG als Hauptsponsor. Doch die große Zeit der Fußballsektion schien abgelaufen zu sein. Zur gleichen Zeit suchte sein Freund Joschi Walter potente Sponsoren für Austria Wien:

Ich habe den Joschi mit den WAC-Verantwortlichen zusammengebracht. Gemeinsam haben wir die WAC-Fußballsektion mit der Austria zum Team Austria-WAC/Elementar fusioniert. In den Zeitungen wurden wir dafür scharf kritisiert. Zwei WAC-Vorstandsmitglieder sind in den Vorstand der Austria kooptiert worden. Ich werde nie die erste Vorstandsitzung vergessen, wie einer der beiden vom WAC, der absolut ahnungslos war im Fußball, von der Sitzung berichtete, dass dort ein „gewisser Joschi Walter" das große Wort führte. Unglaublich, der kannte den Joschi nicht, das muss man sich einmal vorstellen.

In der Folge stieg im Juli 1973 die Anglo-Elementar Versicherungs-AG als Hauptsponsor bei der Austria ein, unter der Bedingung, die Austria und der WAC würden eine Spielgemeinschaft bilden. Nur zwei Jahre später, in der Saison 1975/76, gelang der große Coup und das Gemeinschaftsprojekt Austria/WAC errang den österreichischen Meistertitel. Mit dem Einstieg des Großsponsors Austria Tabak bei den „Violetten" 1977 endete schließlich die Kooperation. Fortan hieß der Verein „FK Austria Memphis", der WAC verschwand aus dem Vereinsnamen. Ebenso wie dem englischen Luton Town FC blieb Hans auch der Austria Wien Zeit seines Lebens eng verbunden:

> Die Austria ist dann meine Heimat geworden, weil ich mit der Vienna nicht mehr konnte, und weil ich mit dem Joschi sehr befreundet war. Er hat mich dann auch in den Austria-Vorstand geholt, wo ich zehn Jahre bis zu seinem Tod 1992 tätig war. Ich war eigentlich immer Austria-Anhänger, weil mir deren technisch versiertes Scheiberlspiel so gut gefallen hat.

Wenn es seine Arbeit für das US-amerikanische Filmunternehmen zuließ, begleitete Hans die Austria als Dolmetscher immer wieder zu Spielen im Ausland. Aufgrund seiner humorvollen Art und Redegewandtheit trat er bei den Empfängen des Öfteren als Bankettsprecher auf und unterhielt das Publikum mit Fußball-Anekdoten. Als er 1991 mit den „Veilchen" zu einem Europacup-Match nach England reiste,

ALL COMMUNICATIONS TO BE ADDRESSED TO THE SECRETARY-MANAGER.

## ARSENAL FOOTBALL CLUB LTD.

TJW/EG.

TELEGRAPHIC ADDRESS:
GUNNERETIC, FINSPARK, LONDON.
TELEPHONE: CANONBURY 3312.

T. J. WHITTAKER, M.B.E.
SECRETARY-MANAGER

GROUND ADJACENT TO ARSENAL STATION.
(PICCADILLY TUBE)

### ARSENAL STADIUM,
### LONDON, N.5.

Mr.W.A.Lose,                                3rd May, 1949.
26, Olma Road,
Dunstable, Beds.

Dear Mr.Lose,

    I thank you for your letter regarding the young Austrian boy
and we have heard a lot about him.

    Unfortunately, because of the restrictions in this country,
it is not possible for us to sign him professional. This I am
sure you will understand because of Home Office regulations, but
if he did want to play in British football under amateur conditions
we will be only too happy to have him.

    I dont know if he is thinking about this angle at all but
perhaps you could let me know in due course.

    All kindest regards and many thanks.

                Yours sincerely,

                Secretary-Manager.

Brief des Arsenal FC, 3. Mai 1949.

wo das Team aus Wien auf den Arsenal FC traf, gab Hans in seiner
Rede eine persönliche Episode preis, die bei allen Anwesenden großes

Nicht nur Tennisfreunde: Herbert Prohaska und Hans Menasse auf dem Sportplatz des WAC, 2015 (Quelle: Starpix/picturedesk.com – 20120705_PD0282).

Staunen und vor allem Bewunderung hervorrief: Er erzählte davon, dass er 1949 von einem englischen Talentsucher einen von Arsenal-Legende Tom Whittaker unterzeichneten Brief erhielt. In diesem bot der Meistertrainer der „Gunners" dem „young Austrian boy", der in seiner Zeit als Nachwuchsspieler in England sichtlich großen Eindruck hinterlassen hatte, an, im Amateur-Team des Londoner Traditionsklubs zu spielen. Da Hans aber zu diesem Zeitpunkt bereits bei der Vienna verpflichtet und gerade ins Berufsleben eingetreten war, kam für ihn ein Wechsel ins Ausland – noch dazu so kurz nach seiner Rückkehr aus dem englischen Exil nach Wien – nicht infrage.

Obwohl Hans Menasse seine größten Triumphe mit der Vienna gefeiert hatte, fand er bei der Austria ein zweites Zuhause und eine Sportfamilie fürs Leben:

Auch heute ist natürlich der Kontakt nicht abgerissen. Es gibt ja auch noch die Montagsrunde, wo Herbert Prohaska und viele andere Veilchen bzw. Austria-Sympathisanten und Freunde dabei sind und gemeinsam Tennis spielen. Einmal im Jahr tragen wir das Joschi-Walter-Gedenkturnier zu Ehren unseres Freundes aus, dem wir alle viel zu verdanken haben. Schließlich wollen die ehemaligen Kicker ja auch nach der Karriere sportlich sein, und da ist Tennis ideal.

# Ein Leben im Glanz von Hollywood

## Der Weg zum Technischen Zeichner

Hans Menasse hatte in Wien gerade einmal zwei Jahre die Volksschule besucht, als er im Alter von acht Jahren aus Österreich flüchten musste. Seine Lebensumstände in England waren nicht so, dass er einen speziellen Berufswunsch fassen hätte können. Er ging zuerst in London zur Schule, bis dann nach Kriegsbeginn alle kleineren Kinder aus der von Bomben der deutschen Luftwaffe bedrohten Hauptstadt auf das Land umgesiedelt wurden. Sein neuer Heimatort hieß Dunstable, wo er später täglich vor Schulbeginn Zeitungen austrug, um sich ein wenig Taschengeld zu verdienen. So konnte er auch den Verlauf des Krieges verfolgen und sich zunehmend über Erfolge der alliierten Streitkräfte freuen.

Mit 13 Jahren fand er einen neuen Job, den er neben der Schule ausüben konnte. Er begann bei der örtlichen Apotheke, die zwei Filialen, jeweils an einem Ende von Dunstable hatte, zu arbeiten. Hans bekam ein Fahrrad mit einem großen Tragekorb und stellte Medikamente an Bettlägerige zu oder lieferte von einer zur anderen Filiale. Er war dort schon ein Jahr lang beschäftigt, als ihn der Apotheker eines Tages in rüdem Ton fragte, ob er ein Kosmetiktascherl gestohlen hätte, das am Verkaufspult der Apotheke gelegen war. Hans war empört darüber, dass man ihn so einer Tat verdächtigen konnte. „Da haben Sie das Rad zurück", sagte er zum Apotheker, „wenn Sie mich beschuldigen, ein Dieb zu sein, will ich für Sie nicht mehr arbeiten". Als er weinend nach Hause kam und seinem Ziehvater erzählte, was passiert war, bestärkte ihn dieser in seiner Entscheidung: „Wenn sie glauben, du wärst ein Dieb, dann brauchst du dort wirklich nicht mehr hingehen." Zwei Tage später kam ein Mitarbeiter der Apotheke vorbei und meinte, Hans solle wieder zur Arbeit kommen, sie hätten das gestohlen geglaubte Kosmetikset gefunden. Aber Hans war in seiner Ehre so sehr gekränkt, dass er nicht bereit war, noch einmal für den Apotheker zu arbeiten. Bald darauf war der Krieg zu Ende und seine Schule wurde wieder nach London übersiedelt. Weil Hans aber knapp vor Schulabschluss stand und sich bei seinen Pflegeeltern in Dunstable wohlfühlte, blieb er vor Ort und erhielt vom Schuldirektor die Bestätigung, dass er positiv abgeschlossen hatte. Bald darauf, im Spätsommer 1945, begann er als „junior clerk" (Bürogehilfe) in einer Fabrik zu arbeiten. Es gab im englischen Schulsystem nichts mit der hierzulande üblichen Berufsschule Vergleichbares, also lernte Hans nach dem Prinzip „learning by doing".

Die Fabrik von A.C.-Sphinx Sparking Plug Co., bei der er eingestellt wurde, hatte bereits 1934 einen Teil ihrer Produktion von Birmingham nach Dunstable verlagert. Die Zeitung „Commercial Motors" berichtete am 30. März 1934, dass durch den Umzug 400 Arbeitsplätze in Dunstable entstehen würden. Das für die Region wichtige Unternehmen erzeugte Zündkerzen für verschiedene Automodelle und warb mit dem Spruch: „Dirty plugs waste petrol!" („Dreckige Zündkerzen verschwenden Benzin!").

Die Cooks, meine Pflegeeltern, haben gesagt, dass ich zu arbeiten anfangen solle. Ich bekam dann einen Job bei A.C. Sphinx, die vor allem Zündkerzen hergestellt haben, aber auch Scheibenwischer und verschiedenes Autozubehör. Man hat mich in die Designabteilung als Zeichner aufgenommen. Bei uns in Österreich musst du ja sieben Schulen und 15 Prüfungen absolvieren, dort hingegen kommst du hin und wirst angelernt. Da bist du zuerst Junior Draughtsman und dann, wenn du das kannst und gut bist, wirst du zum Senior Draughtsman, also vollwertigen Technischen Zeichner. Mich haben sie bei der Abteilung für Armaturenbretter eingesetzt. Da ging es darum, immer neue Designs zu entwickeln. Nicht alles ist dann in die Produktion gegangen, aber es wurde jedenfalls ständig Neues überlegt und gezeichnet. Ich war schließlich wirklich gut darin und habe das Zeichnen echt erlernt. Davon ist mir immerhin bis heute meine schöne Schreibschrift geblieben.

## Auf Arbeitssuche

Als Hans im Frühjahr 1947 mit dem positiven Schulzeugnis und der Bestätigung seines englischen Arbeitgebers im Gepäck nach Wien zurückkehrte, war er sich sicher, auch in seiner Heimat bald einen Job zu finden. Die leiblichen Eltern und Bruder Kurt zerstreuten allerdings schnell seine Illusion, ohne weiteren Aufwand ins Berufsleben einsteigen zu können. Da Hans keinen Lehrabschluss nachweisen konnte, hätte er in Wien eine Schule besuchen müssen, um als Technischer Zeichner arbeiten zu können. Dazu aber war Hans nicht bereit, auch weil er es als ungerecht empfand, etwas neu lernen zu müssen, was er bereits gut konnte und fast zwei Jahre lang zur vollsten Zufriedenheit des englischen Unternehmens ausgeübt hatte.

Vom Fußball, den er bei der Vienna bereits ausübte, konnte Hans nicht leben. Es gab damals, und noch einige Jahrzehnte danach, keinen mit heute vergleichbaren, professionellen Fußball in Österreich.

Es gab im Fußball fast keine Profis, sondern nur Vertragsspieler. Bei der Vienna wurde alles in die Renovierung des devastierten Stadions

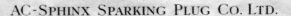

## AC-SPHINX SPARKING PLUG CO. LTD.

DIRECTORS: N.F.Stockbridge, W.O.Kennington, C.J.Bartlett, G.N.Vansittart, C.G.Griffin.

Telegrams:
SPHINX, DUNSTABLE.

**DUNSTABLE,
BEDS.,ENGLAND.**

Telephone:
DUNSTABLE 360.

Our Ref.
Your Ref.

1st April 1947

<u>To Whom it May Concern</u>

Mr. H. Menasse has been employed by The A.C.Sphinx Spark
Plug Company of Dunstable, Bedfordshire, England, as a draughtsman
under my control since August 1945. From this date until the
present time he has been engaged on drawing and detailing of
components in connection with the Motor Industry.

His experience covers Windscreen Wipers, Thermostats, Caps
for Pressure Systems, Intake Silencers and Cleaners.

Since commencing in the Drawing Office he has quickly
acquired the essential knowledge in connection with the work, and
has been consistently keen and willing.

His timekeeping and attendance have been 100%.

He leaves of his own accord in order to return to his native
Austria, and I have no hesitation in recommending H. Menasse as
an efficient Junior Draughtsman, and a young man of excellent
character.

Both his colleagues and myself join in wishing him every
success in the future.

Yours faithfully,

*Kenneth S. Batchelor*

K. S. BATCHELOR,
Design Engineer,
THE AC SPHINX SPARK PLUG COMPANY,
Dunstable, Bedfordshire, England.

AC Air Cleaners · AC Clocks · AC Fuel Pumps · AC Oil Filters · AC Oil Gauges · AC Plugs · AC Speedometers · AC Windscreen Wipers.

Arbeitsbestätigung der A.C.-Sphinx Sparking Plug Co.

auf der Hohen Warte gesteckt. Der Spieler Rudi Röckl war Elektriker
und hatte eine eigene Firma. Er baute am Vienna-Platz die erste Flutlichtanlage Österreichs. Dann musste der Boden des Platzes saniert

werden, den die Amerikaner als Baseballfeld verwendet hatten. Die Zuschauerränge waren auch kaputt. Die Spieler wurden ständig vertröstet und haben anfangs ganz wenig Geld bekommen.

In den Jahren der Mangelwirtschaft musste sich daher jeder um Arbeit bemühen, denn die Versorgung der meisten Wiener und Wienerinnen lief über den Bezug von Lebensmittelkarten, die beim „Greißler" in Mehl, Zucker, Öl und andere Nahrungsmittel eingetauscht werden konnten. Hans brauchte einen Job, um eine eigene Karte zu erhalten. Bereits am Ende des Zweiten Weltkriegs war die Versorgung immer schlechter geworden. Die Verteilung der knappen Waren wurde daraufhin über ein Bezugssystem mit Lebensmittelkarten organisiert, das auch nach 1945 aufrechterhalten blieb. Die Rationen pro erwachsener Person im ersten Nachkriegsjahr betrugen 833 Kalorien pro Tag für sogenannte Normalverbraucher, 970 Kalorien für Angestellte, 1315 Kalorien für Arbeiter und 1620 Kalorien für Schwerarbeiter. Im Jahr 1947, als Hans in das zerstörte Wien zurückkehrte, erhöhte sich der Bezug für Normalverbraucher auf 1700 Kalorien. Ab 1948 wurde das System Schritt für Schritt abgebaut, bis es ab Juli 1953 keine Lebensmittelkarten mehr gab.

Im Nachbarhaus der elterlichen Wohnung in der Schiffamtsgasse im 2. Bezirk befand sich eine Autowerkstatt, bei der Hans als Lehrling anheuerte. Allerdings stellte sich schnell heraus, dass ein Job als Mechaniker für ihn nicht wirklich passend war. Er musste den ganzen Tag auf dem unebenen Boden der Werkstatt knien und unter die Autos rutschen, sodass seine Kleidung am Abend ölverschmiert und schmutzig war. Seine Mutter war entsetzt, weil sie dachte, sie müsste sein Arbeitsgewand jeden Tag wieder sauber bekommen.

Solche Widrigkeiten allein hätte Vater Richard nicht davon überzeugt, dass Hans den Job wieder aufgeben müsse. Als Hans aber vom Herumrutschen am Boden so starke Knieschmerzen bekam, dass die

Gefahr bestand, nicht mehr zum abendlichen Fußballtraining bei der Vienna gehen zu können, sah auch der Vater ein, dass dieser Beruf für den Buben ungeeignet war. Richard Menasse insistierte jedoch weiterhin darauf, dass sein Sohn zum Familieneinkommen beizutragen habe.

Mir hätte es schon gut gefallen, am Vormittag im English Reading Room beim Hotel Bristol zu sitzen, die englischen Zeitungen mit den Resultaten von Luton Town und Arsenal zu studieren und am Nachmittag dann auf der Hohen Warte zu trainieren, aber das ließ mich der Vater nicht. Wir fanden eine Anzeige in einer Zeitung, dass beim Volkstheater eine Lehrlingsstelle für Kunstschmiedearbeiten frei wäre. Ich habe dem Chef dort gesagt, dass ich Technischer Zeichner sei, habe den Job aber dennoch nicht bekommen. Es ging mir so, wie vielen Schauspielern nach einem Casting in Hollywood: Man hat mich nie zurückgerufen.

## Knapp vorher abgedreht

Schließlich wandte sich Vater Richard an seinen älteren Sohn und bat ihn, seine Kontakte zu nutzen, um dem Bruder einen Job zu verschaffen. Kurt hatte gute Verbindungen zu einem Direktor von Siemens, der Hans zu einer Lehrstelle für den Beruf eines Drehers verhelfen wollte.

Hans' Tochter, Eva Menasse, hat in ihrem Roman „Vienna" die Episode um den Dreher-Job ihres Vaters auf unterhaltsame Weise erzählt. In aller Kürze sei sie hier dargestellt: Vater Richard und Sohn Hans begegneten dem Hausmeister aus der Schiffamtsgasse, der sie in ein Gespräch verwickelte und dann auch fragte, was Hans denn beruflich

Das Bürohaus der Motion Picture Export Association in der Neubaugasse 1 in den 1950er-Jahren.

plane. Als er hörte, welche Lehrtätigkeit Hans beginnen sollte, verdrehte er die Augen und sagte: „Wo hat man je gesehn an jiddischen Dreher?"

Als Richard daraufhin mit Bestimmtheit erklärte, dass er arbeiten gehen müsse, hatte der Hausmeister eine Idee, die das Berufsleben des Jugendlichen nachhaltig prägen sollte. Er verwies darauf, dass Hans etwas konnte, was im Nachkriegsösterreich eine echte Seltenheit war – er sprach Englisch. In den Schulen war während des Nationalsozialismus diese Sprache nicht unterrichtet worden, das Hören von englischen Radiosendern, wie BBC, war bei Strafe verboten gewesen. Der Hausmeister erzählte, was ihm zu Ohren gekommen war und gab Hans Instruktionen:

Ich habe gehört, dass es in der Neubaugasse neuerdings eine englische Filmgesellschaft gibt. Da sollst Du hingehen und Dich bewerben. Du gehst dort hin und sagst: *I want to speak the boss.* Lass dich nicht abwimmeln, Du gehst nur zum Chef und zu niemandem anderen.

Am nächsten Tag fuhr Hans tatsächlich in die Neubaugasse im 7. Bezirk, um sein Glück zu versuchen. Auf Hausnummer 1, seinem späteren Arbeitsplatz, gab es keine englische, sondern eine amerikanische Filmverleihfirma, die Motion Picture Export Association (MPEA). Hans nahm seinen ganzen Mut zusammen, trat ein und sagte auf Englisch, wie ihn der Hausmeister geheißen hatte, dass er den Boss sprechen wolle. Der sei verreist, wurde ihm beschieden, und käme erst in ein paar Wochen wieder ins Büro.

Vater Richard wollte die Idee mit der Filmfirma nun endgültig fallen lassen und verlangte von Hans, in der darauffolgenden Woche bei Siemens zu beginnen. Aber erstmals widersetzte sich der junge Mann den Wünschen des Vaters, wartete die Rückkehr des Geschäftsführers ab und ging erneut ins Büro in der Neubaugasse. Seine Beharrlichkeit sollte sich auszahlen: Er durfte den Chef sprechen, überzeugte durch sein Auftreten und seine guten Englischkenntnisse und wurde noch im Jahr 1947 als Bürolehrling für das „Service Department" eingestellt.

## Hollywoods Außenstelle in Wien

Es sollte das sein Arbeitsplatz für mehr als 47 Jahre werden, in denen er als Wiener Nahtstelle zu Hollywood und seinen Stars fungierte. Der Name seines jeweiligen Arbeitgebers änderte sich mit den sich häufig wandelnden Unternehmenskonstruktionen in Hollywood. Er begann bei MPEA, einem Zusammenschluss der wichtigsten großen und einiger kleinerer Hollywood-Studios. Zu ihnen zählten Metro Goldwyn Mayer, United Artists, Universal, Paramount, Columbia, RKO, Twentieth Century Fox und Warner Brothers.

Nachdem die amerikanische Filmindustrie ab etwa 1947 durch dramatisch sinkende Einnahmen auf ihrem Heimmarkt in eine veritable

Krise geraten war, wurde insbesondere der Auslandsverkauf der Filme forciert, um auf diesen Märkten den Gewinneinbruch auszugleichen. Die Unternehmen richteten hierfür eine gemeinsame Vertriebsstruktur in den europäischen Metropolen ein, die vor Ort auch Arbeitsplätze schuf. Darüber hinaus sollte der Film als Träger der amerikanischen Kultur speziell in den Stammländern des eben besiegten Nationalsozialismus, also in Deutschland und Österreich, politisch wirken.

Als die Filmindustrie in den frühen 1950er-Jahren in Europa so richtig zu boomen begann, beschlossen einige große Player, ihre Produkte nicht mehr über eine Vertriebsplattform zu vermarkten, sondern selbstständig zu agieren. So änderte sich der Name des Arbeitgebers von Hans im Laufe seiner Karriere viele Male. Am Ende seiner Berufstätigkeit arbeitete Hans schließlich für United International Pictures (UIP), ein Zusammenschluss mehrerer Produktionsfirmen, der bis heute im Filmvertrieb eine marktführende Position besitzt. Die Konstanten in Wien blieben über mehr als vier Jahrzehnte hinweg die Adresse Neubaugasse 1 und – bis zu seiner Pensionierung im Jahr 1994 – der geniale Vermarkter Hans Menasse.

Die wechselvolle Geschichte der Filmwirtschaft lässt sich auch in Österreich beobachten, jedoch deutlich zeitverschoben, weil hierzulande das Fernseh-Zeitalter erst Mitte der 1950er-Jahre begann und seine Wirkung ab den 1960er-Jahren voll entfaltete. Während des Krieges waren viele Kinosäle durch Bomben zerstört worden. Waren 1939 noch 222 Kinos in Wien in Betrieb, so begann die neue Ära Mitte des Jahres 1945 mit 35 Lichtspieltheatern. Das liegt auch darin begründet, dass die Alliierten großes Augenmerk darauf legten, das Abspielen von Nazi-Propagandafilmen zu verhindern und genaue Kontrollen durchführten. So konnten erst nach und nach Kinosäle geöffnet werden. Bald erschienen dann auch mit „Funk und Film", „Österreichische Film- und Kino-Zeitung" sowie „Mein Film", drei für die Filmwirtschaft wichtige Medien.

Bereits im Jahr 1953 waren in Wien wieder mehr als 200 Kinos aktiv, die jährlich von knapp 50 Millionen Menschen besucht wurden. Wegen des Siegeszugs des Fernsehens und vieler neuer Möglichkeiten aktiver Freizeitgestaltung sanken diese Zahlen rapide. Als Hans Menasse seinen Ruhestand antrat, waren es nur mehr rund 50 Kinos und etwas mehr als zehn Millionen Besucher pro Jahr. Heute gibt es in Wien 30 Kinos, allerdings verfügen viele von ihnen über mehrere Säle. Im Jahr 2017 betrug die Besucherzahl 13,55 Millionen.

## Telefonieren bei Freunden

Hans tauchte sehr rasch in das abenteuerliche Leben der Filmwirtschaft ein. Einer der ersten Aufträge, den er erhielt, ist ihm bis heute in Erinnerung: Da es in der unmittelbaren Nachkriegszeit in Österreich verboten war, ins Ausland zu telefonieren, schloss die MPEA eine Abmachung mit einer im selben Haus untergebrachten, der US-Botschaft zugehörigen Kulturabteilung, die eine Ausnahmegenehmigung besaß. Wenn ein dringender Anruf zur Frankfurter Zentrale notwendig war, durften die Mitarbeiter der Filmverleihfirma das Telefon der Nachbarn benutzen. Chef der Kulturabteilung war der damals 32-jährige, spätere Burgtheater-Direktor Ernst Haeusserman, sein Assistent Marcel Prawy, später berühmter Dramaturg, Opernkenner und Opernkritiker. Beide waren der nationalsozialistischen Verfolgung durch Flucht in die USA entgangen und arbeiteten nach ihrer Rückkehr als Kulturoffiziere für das in Österreich stationierte amerikanische Militär. Hans erzählt von seinem ersten großen Einsatz für seinen neuen Arbeitgeber:

> Weil ich das beste Englisch in der Firma sprach, sollte ich die Aufgabe übernehmen, mit Mr. Hahn in der deutschen Zentrale in Frankfurt

zu telefonieren. Die beiden Männer, Ernst Haeusserman und Marcel Prawy, waren total nett zu mir und darüber hinaus so höflich, dass sie aus dem Zimmer gingen, damit ich ungestört reden konnte. Dabei gab es an meiner Aufgabe gar nichts Geheimes, sondern sie bestand lediglich darin, Filmkopien, Fotos, Trailer und Pressematerial für neue Filme, die wir in Österreich herausbringen wollten, zu bestellen oder zu urgieren, wenn die Sachen dringend gebraucht wurden. Ich habe viel später einmal den dann schon berühmten Marcel Prawy getroffen und er konnte sich noch gut an meine Telefonate in seinem Büro erinnern.

## Mühsame Anfänge

Hans hatte seine Arbeit im „Service Department" begonnen. Diese Abteilung war dafür zuständig, alle Voraussetzungen für einen guten Start der Filme zu schaffen. Die Verteilung der Filme musste genau geplant werden, denn es brauchte für jedes Kino eine Filmkopie, die aus mehreren Rollen bestand. Man definierte sogenannte Uraufführungskinos, wie etwa in Wien das Gartenbaukino oder das Opernkino, die einen Film zuerst zeigen durften. Dann wanderten die Filmkopien in Wiener „Nach-Uraufführungskinos" und in größere Städte außerhalb Wiens, bis schließlich die kleinen Lichtspielhäuser in ganz Österreich beschickt wurden. Ältere Jahrgänge erinnern sich noch an die „Schneeflocken" am Ende einer Filmrolle. Es gab in jedem Kino zwei Abspielapparate: War eine Rolle zu Ende, schaltete der Operateur auf den anderen Apparat, um eine neue Rolle zu starten. In der minimalen Pause zwischen den beiden Rollen erschien im besten Fall ein Flimmern, war der Operateur aber noch ungeschult, konnte es auch zu einer kleineren Unterbrechung kommen.

An die Wiener Außenstelle der MPEA wurde bereits rund sechs Monate vor Kinostart eine englische Kopie der Filme gesendet, damit man hier die Erfolgschancen des Streifens auf dem österreichischen Markt einschätzen und eine entsprechende Anzahl an Kopien bestellen konnte. In den darauffolgenden Monaten wurde der Film entweder in Deutschland synchronisiert, oder in Wien mit Untertiteln versehen. Zusätzlich brauchte es Trailer, die in den Kinos vor dem Hauptfilm geschaltet wurden und Appetit auf den neuen Streifen machen sollten. Hans musste zu jedem neuen Film Presseinformationen verfassen, wobei das anfangs noch auf mechanischen Schreibmaschinen geschah. Dazu wurde Blaupapier eingelegt, mit dessen Hilfe man dann fünf bis sechs Kopien bei jedem Schreibvorgang erstellen konnte. Weil aber eine vielfache Menge für die Filmjournalisten gebraucht wurde, saß Hans oft stundenlang an der Maschine und schrieb sich am immer selben Text die Finger wund. Noch heute stöhnt er, wenn er davon erzählt. Pressehefte, Fotos für die Schaukästen der Kinos, Plakate und Bilder zum Abdruck in den Medien ergänzten das analoge Werbematerial.

## Der Hans, der kann's

Nachdem sich die MPEA aufgelöst hatte, weil die einzelnen Unternehmen beschlossen hatten, selbstständig zu agieren, hieß der neue Arbeitgeber von Hans, bei dem er in der Presseabteilung tätig wurde, Metro Goldwyn Mayer. Im selben Haus in der Neubaugasse befanden sich auch die Büros des Filmverleihs AFEX. Als deren Pressechef das Unternehmen verließ, weil er zu IBM wechselte, ging Hans kurzentschlossen einen Stock höher und meldete sich bei Louis Kanturek, dem Geschäftsführer des Firmenverbands, um sich als Nachfolger des Abgängers zu bewerben. Dieser fragte Hans, der sich heute noch an Kantureks starken böhmischen

Akzent erinnert: „Menasse, Se trauen sich das zu? Se glauben, Se kennten das machen?" Als Hans bejahte, meinte er nur: „Na, werden wir sehen." Das war schon das ganze Assessment-Center, denn Hans bekam den Job einige Tage später und war jetzt für die Pressearbeit der AFEX und damit für ein breiteres Aufgabengebiet als bei Metro Goldwyn Mayer zuständig.

Fragt man Hans Menasse, wie er zu seinen ersten Kontakten mit Filmjournalisten gekommen sei, erschließt sich ihm diese Frage nicht wirklich: Er habe sie kennengelernt, wie man Leute halt kennenlernt, lautet seine erstaunte Antwort. Bevor das Fernsehen seinen Siegeszug gestartet hatte, berichteten alle Medien ausführlich über Neuerscheinungen am Filmmarkt. Es gab Filmseiten in den Tageszeitungen und eigene Magazine. Hans war auch für Radio-Spots zuständig, die meist schon aus Deutschland angeliefert wurden, aber wegen des preußischen Zungenschlags neu synchronisiert werden mussten. Einer der dafür engagierten Sprecher war der am Anfang seiner Karriere stehende Schauspieler Gerald Pichowetz, der später als Theaterdirektor reüssierte.

Hans' jahrzehntelanger Erfolg als Presseverantwortlicher basiert unter anderem auf seinen, für die damalige Zeit völlig neuen, innovativen Ideen. So übersetzte er beispielsweise Drehbücher der von ihm zu vermarktenden Filmen aus dem Englischen und bot sie Zeitungen zum Abdruck als Fortsetzungsserien an. Dank eines guten Kontakts zum Chef der Kronen Zeitung, Hans Dichand, konnte er immer wieder Fotos von kommenden Filmen in der Zeitung platzieren.

> Chefredakteur Friedrich Dragon hat zu mir gesagt: Wir brauchen Fotos von Kindern, Tieren oder sexy Frauen und nur ein paar Zeilen dazu.

Als Hans Anfang der 1960er-Jahre den Film „Girls! Girls! Girls!" mit Elvis Presley in der Hauptrolle zu vermarkten hatte, veranstaltete er gemeinsam mit dem legendären Erich Reindl, der jahrelang die Miss-Austria-Wahlen organisierte, einen eigenen Schönheitswettbewerb. Für einen Walt Disney-Kinderstreifen hatte er die Idee, auf die Verteiltaschen zur Entnahme der Sonntagszeitungen Motive aus dem Film drucken zu lassen und damit ganz Wien über das bevorstehende Kinoereignis zu informieren.

Die spannendsten beruflichen Aufgaben kamen ab der Mitte der 1950er-Jahre auf Hans zu. Er fing an, in Wien gastierende Hollywoodstars und Regisseure zu betreuen und österreichische Journalisten zu Premieren in Deutschland oder bei Studiobesuchen in Hollywood zu begleiten.

## Die schnellste Klappe Hollywoods

Der erste Star, den Hans Menasse zu betreuen hatte, war Danny Kaye. Der brillante Schauspieler hatte früh für sich das komödiantische Fach gewählt. Als er in seiner ersten Theatervorstellung in einer Tanzszene die Balance verlor und damit das Publikum zum Lachen brachte, baute Kaye dieses Missgeschick als Höhepunkt in sein Programm ein. Berühmt wurde er später auch als Schnellsprecher. Im Jahr 1941 gedrehten Musical „Lady in the Dark", schaffte er es, in weniger als vierzig Sekunden mehr als fünfzig russische und polnische Namen von Komponisten zu singen. Eine ähnliche, bis heute legendäre Szene findet sich im Film „The Court Jester" („Der Hofnarr") aus 1956. Danny Kaye soll als Hofnarr seinem Widersacher Griswold einen Becher mit Gift übergeben. Er bekommt zwei Becher, einen davon für sich selbst und versucht sich mithilfe eines Reims zu merken, welcher der beiden das Gift enthält: „Der Wein mit der Pille ist in dem Becher mit dem Fächer, der Pokal mit dem Portal hat den Wein gut und rein." Er memoriert den Text ständig, irrt sich dabei und wird immer konfuser. Dann zerbricht einer der Becher und wird durch einen Kelch ersetzt, also muss ein neuer Reim her. Er lautet jetzt: „Der Wein mit der Pille ist im Kelch mit dem Elch. Der Becher mit dem Fächer hat den Wein gut und rein."

Die Versuche, sich das zu merken, werden immer chaotischer. Das Memorieren der Texte läuft im Höllentempo ab und brachte schließlich Danny Kaye den Titel der „schnellsten Klappe Hollywoods". Auf „YouTube" kann man sich auch heute noch an diesem sprecherischen Parforce-Ritt und den ihn begleitenden Klamauk erfreuen.

In Hollywood feierte Danny Kaye herausragende Erfolge, wie etwa 1947 mit der Komödie „The Secret Life of Walter Mitty" („Das Doppelleben des Herrn Mitty") neben Virginia Mayo, die auch in vielen anderen Filmen seine Partnerin spielte, sowie neben Boris Karloff, der vor allem als Frankenstein-Monster in den Horrorfilmen der 1930er-Jahre berühmt wurde. 1954 drehte er an der Seite von Bing Crosby „White Christmas" („Weiße Weihnachten").

1954 begann Danny Kaye sich für das Kinderhilfswerk der Vereinten Nationen (UNICEF) zu engagieren und wurde zu einem seiner Botschafter. In dieser Funktion kam Kaye 1955 auch nach Wien, wo Hans ihn am Flughafen empfing und ins Hotel Sacher führte. Hans war zu dieser Zeit am Höhepunkt seiner Fußballkarriere, hatte er doch eben erst mit der Vienna die österreichische Meisterschaft gewonnen. Als Danny Kaye und Hans vor dem Sacher standen, soll, wie Hans berichtet, ein Passant seinen Begleiter gefragt haben: „Wer ist denn der Mann neben dem Menasse?" Nun handelt es sich dabei um einen alten Witz, der für viele solche Situationen angewendet werden kann. Aber vielleicht ist er ja tatsächlich damals entstanden.

Jedenfalls begleitete Hans Danny Kaye zu seinem Zimmer, um sich zu vergewissern, dass der Gast gut untergebracht war. Der Schauspieler war von den besonders hohen Betten fasziniert, die durch eine dicke Tuchent und eine Überdecke noch massiver wirkten. „It looks as if

Danny Kaye hält Robert Menasse auf dem Arm, 1955.

somebody is already sleeping in that bed", meinte er lachend.

Danny Kaye traf bei seinem Besuch auch viele Kinder, darunter eines, das später als Schriftsteller berühmt werden sollte: Hans' Sohn Robert.

Hans erinnert sich an Kaye als den neben Steven Spielberg nettesten Hollywood-Star, der ihm in seiner Arbeit begegnet war. Spielberg kam erstmals 1973 nach Wien. Davor aber gab es noch eine Reihe von bemerkenswerten Begegnungen mit anderen Stars.

## Prinzessin Olympia

Im Jahr 1959 wurde in Wien der Film „A Breath of Scandal" („Prinzessin Olympia") gedreht, der ein Jahr später in die Kinos kam. Regie führte Michael Curtiz, der in seiner Karriere auf insgesamt 160 Filme kam, darunter „Casablanca", für den er 1944 den Oscar erhalten hatte. Das Hauptdarsteller-Duo bildeten die damals 25-jährige Sophia Loren und Maurice Chevalier, der Gentleman unter den Schauspielern.

Michael Curtiz kam einen Tag vor den Schauspielern am Flughafen Schwechat an und wurde von Hans empfangen. Der Regisseur sprach, wie Hans sich erinnert, Englisch immer noch mit einem starken Akzent aus seinem Herkunftsland Ungarn, obwohl er bereits Mitte der

Ankunft am Wiener Flughafen. V. l. n. r.: Michael Curtiz, Hans Menasse, ein Freund von Carlo Ponti, ein Pressefotograf, Sophia Loren und Carlo Ponti, 1960 (Quelle: Pressefoto Klinsky Wien).

1920er-Jahre nach Hollywood übersiedelt war. Am nächsten Tag fuhren die beiden gemeinsam nach Schwechat, um Sophia Loren und Maurice Chevalier abzuholen. Der bereits über 70-jährige Regisseur wandte sich an den noch nicht 30-jährigen Hans und sagte: „I will tell Sophia and Maurice: With your help we will make a great picture. You think, Hans, that is OK?" Hans ist heute noch darüber erstaunt: „Da fragt mich, den Lehrbuben, ein weltberühmter Regisseur, wie er mit seinen Schauspielern reden soll, ich war echt baff."

Unmittelbar nach der Landung wurden die Stars aus Übersee von einer riesigen Menschenmenge umringt. „Heute wäre so etwas unmöglich", sagt Hans dazu, „die Filmgrößen würden direkt in den VIP-Raum kommen und ihre Fans kämen niemals so nahe an sie heran."

Sophia Loren und Hans mit dem Pressemann aus den USA, Bob Josef.

Die Loren, wie sie von Zeitgenossen genannt wurde, und Carlo Ponti wohnten während der Dreharbeiten in einem Appartement in der Mahlerstraße hinter dem Hotel Bristol. Hans musste mehrmals dorthin, um sich die Freigabe für Fotos vom Set zu holen, die er an die Medien weitergeben sollte. Die Schauspielerin hatte sich vertraglich zusichern lassen, alle Foto-Abzüge vor der Veröffentlichung zur Genehmigung vorgelegt zu bekommen. Was ihr nicht passte, durfte nicht verwendet werden.

Hans war ganz erschrocken, als er Sophia Loren bei einem der Besuche in ihrem Appartement ungeschminkt und mit nassen Haaren sah, ohne den ganzen Glamour, der sie sonst umgab. Es war für ihn so, als wäre ein schönes Bild in Scherben gegangen.

Eines Tages, die Crew befand sich zu Dreharbeiten am Semmering, einem Berg in der Nähe von Wien, fragten Journalisten mehrerer internationaler Medien, darunter „Paris Match" und „Time", Fotomaterial an. Sie bräuchten die Bilder sofort, hieß es, sonst könnten ihre Artikel in der nächsten Ausgabe nicht erscheinen. Da Hans den Hollywood-Star nicht erreichen konnte, schließlich gab es damals weder E-Mail noch Mobiltelefone, blieb ihm nichts anderes übrig, als unautorisierte Fotos an die Pressevertreter auszuhändigen. Als die Magazine erschienen, erhielt er von Sophia Loren eine gehörige Kopfwäsche:

Ein Foto von Loren war dabei, das sie nicht weitergegeben haben wollte, aber ich blieb cool. Denn sie war es ja, die man nicht erreichen konnte und ich hatte meine Arbeit zu machen. Sie war mir jedenfalls nicht sehr sympathisch.

## Wenig Arbeit für viel Geld

Im Jahr 1960 wurden in Wien einige Szenen für den Film „Secret Ways" („Geheime Wege") gedreht. Die Hauptdarsteller in diesem Spionagefilm, der seine Schauplätze in Wien und Budapest hatte, waren Richard Widmark, Sonja Ziemann und Charles Regnier. Auch die erst 19-jährige österreichische Schauspielerin Senta Berger war für eine Nebenrolle engagiert worden.

Hans erinnert sich mit Vergnügen an seine damalige Arbeit für Richard Widmark. Er fungierte als dessen Press Officer, also als Verbindungsmann zu den Medien, und erhielt dafür den für damalige Verhältnisse riesigen Betrag von 20.000 Schilling. Widmark gab ihm ein Briefing der angenehmen Art: „Passen Sie auf. Ich will mit niemandem reden, ich will niemanden sehen, ich will nur meine Ruhe haben." Diesen Anforderungen war leicht nachzukommen, Hans musste nur eine ganze Reihe von Journalisten konsequent abwimmeln.

Sein leicht verdientes Einkommen wurde ihm schließlich in den Wiener Rosenhügel-Studios in bar übergeben. Als er dort durch die Räume ging, schwebte eine wunderschöne junge Frau an ihm vorbei – es war Senta Berger, der Hans auf diese Weise kurz und einmalig begegnete, an die er sich aber bis heute mit deutlicher Bewunderung erinnert.

Die Schauspielerin ging zwei Jahre später nach Hollywood und bekam eine Rolle im legendären Western „Major Dundee" („Sierra Charriba") des Meisterregisseurs Sam Peckinpah. Ihr Partner war Charlton

Heston, dem die junge Frau offensichtlich allzu gut gefiel. In „Presseportal.de" liest sich das so:

> Privat spielte Heston eine weniger ruhmreiche Rolle. Er verlor die
> Nerven und bedrängte Senta Berger mit Küssen. Am darauf folgenden Tag erwartete der Schauspieler seine Frau und die beiden Kinder.
> In ihrer Autobiografie „Ich habe ja gewusst, dass ich fliegen kann",
> erinnert sich Senta Berger an das rüde Benehmen des großen Stars:
> „Eine Perfidität." Trotz dieses Zwischenfalls hat sie ihr bravouröses
> Hollywood-Debüt in bester Erinnerung. Über Heston, der bei ihr
> nicht landen konnte, lächelt sie heute: „Er hat sich selbstverständlich
> für unwiderstehlich gehalten."

Hans traf den berühmten Schauspieler Heston bei einer Pressereise nach München. Und auch er hat wenig Freundliches von seiner Begegnung zu

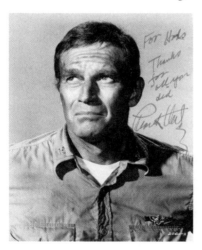

berichten, obwohl Heston ihm für die Betreuung die freundliche Widmung „Thanks for all you did" auf ein Foto schrieb. Heston hatte in zahlreichen großen Hollywood-Produktionen mitgespielt und für seine Rolle in „Ben Hur" einen Oscar erhalten. Er galt zwar als politisch liberaler Mann, trat aber für das Recht ein, Waffen zu tragen und übernahm später auch das Amt des Präsidenten der Waffen-Lobby National Rifle Association.

Charlton Heston bedankt sich bei Hans.

Hans saß in München dabei, als eine Runde von Journalisten mit dem Schauspieler zusammentraf. Dabei trat Heston so egomanisch auf, dass Hans heute noch empört ist:

Die Journalisten haben Heston Verschiedenes gefragt und er hat stolz über sich und seine Filme erzählt. Dann fragte auf einmal einer: "Mr. Heston, who do you think is the greatest actor in the world?" Er hat das einfach nicht beantwortet. Dann haben die Journalisten untereinander zu diskutieren begonnen: Der eine sagte Laurence Olivier, der andere Robert de Niro. Daraufhin hat er sich umgedreht und aus dem Fenster geschaut, also die Anderen mit Verachtung und Desinteresse bestraft. Kaum hat dann einer nach seinem neuesten Filmprojekt gefragt, war er wieder dabei. Dem ging es nur um sich und um sonst niemanden.

## Alfred Hitchcock, oder „Schauspieler sind Rindviecher"

Der berühmte Regisseur war, wie sich Hans erinnert, im Oktober 1960 zur Premiere seines Films „Psycho" in Wien. Antony Perkins spielte in diesem Streifen Norman Bates, einen Mann mit Persönlichkeitsspaltung, der in die Rolle der strafenden Mutter schlüpft. Als solche ermordet er Marion Crane, die von der Schauspielerin Janet Leigh dargestellt wird. Die Messerstiche durch den Duschvorhang sind heute selbst jenen in Erinnerung, die den Film nie gesehen haben. In Wikipedia gibt es dazu eine Anekdote, die ein wenig auch das recht rüde Gemüt des Kultregisseurs zeigt. Es heißt da, Hitchcock habe nach der Veröffentlichung des Films einen Brief erhalten, in dem sich ein Vater wütend darüber beklagte, dass seine Tochter nach dem Besuch des Streifens „Die Teuflischen", in dem ein Mann in der Badewanne ertränkt wird, kein Bad mehr nehmen habe können und nun nach „Psycho" auch nicht mehr duschen wolle. Hitchcock antwortete mit den Worten: „Schicken Sie sie in die Reinigung." Auch sonst wird manches berichtet, das kein gutes Licht auf den Charakter des großen Meisters wirft. So erzählte die Schauspielerin Tippi Hedren im Zuge der jüngsten #MeToo-Bewegung, dass Hitchcock sie sekkiert und sexuell belästigt habe. Laut Medienberichten ließ sich Hedren die Übergriffe nicht gefallen: „Alfred Hitchcock sagte, dass er meine Karriere ruinieren würde, und ich bin aufgestanden und als ich durch die Tür ging, habe ich gesagt: ‚Tun Sie, was Sie tun müssen'. Sie habe darauf reagiert mit dem ‚besten Türschlagen, das ich je gemacht habe'." Als Hans den Regisseur kennenlernte, war von diesen Übergriffen in der Öffentlichkeit noch keine Rede.

Ich habe Hitchcock als sehr lustigen Menschen erlebt, als eine Art „Schmähbruder", wie man in Wien sagt. Bei den Dreharbeiten soll er aber nicht so freundlich gewesen sein. Angeblich soll er auch einmal gesagt haben, *actors are like cattle,* also dass Schauspieler Rindviecher seien, die zu folgen hätten. Eine seiner Eigenarten war, dass er allen Journalisten und Begleitern, die ihn interviewt oder betreut haben und von ihm ein Autogramm wollten, seinen eigenen Kopf gezeichnet hat. Das schaut sehr nett aus und die Leute haben sich über diesen Zusatz gefreut. So wie er ja immer in seinen Filmen auch einmal selber durchs Bild gegangen ist.

Bei den Dreharbeiten zu „Psycho" hatte Hitchcock strenge Geheimhaltungsregeln ausgegeben. Der Schluss des Films war sogar der Mehrzahl der am Set Beschäftigen nicht bekannt. Niemand durfte wissen, dass Normans Mutter mumifiziert im Keller des Hauses saß und der wahre Mörder der Sohn selbst war. So ließ Hitchcock neben den Sesseln für die

Abb. 49: Alfred Hitchcock übergibt ein „Autogramm mit Kopf" (Quelle: R.H. Binder München).

Schauspieler auch einen mit der Aufschrift „Mrs. Bates" aufstellen, um vorzutäuschen, dass es diese Rolle tatsächlich gäbe.

Als der Film in die amerikanischen Kinos kam, wurden in den Foyers Hinweistafeln aufgestellt, auf denen zu lesen war: „Es ist notwendig, dass Sie sich ‚Psycho' von Anfang an anschauen. Der Manager dieses Theaters wurde unter Bedrohung seines Lebens angewiesen, nach dem Filmstart niemandem mehr das Betreten des Theaters zu gestatten. Unberechtigte Versuche, durch Seitentüren, Feuerschutztüren oder Lüftungsschächte einzudringen, werden mit Gewalt beantwortet. Der ganze Sinn dieser außergewöhnlichen Richtlinien ist es natürlich, Ihnen zu helfen, mehr Gefallen an ‚Psycho' zu finden." Hans erinnert sich, dass auch in Österreich eine ähnliche Idee verwendet wurde:

Als wir diesen Film herausgebracht haben, stellten wir als Marketing-Gag Tafeln in die Kinos, mit der Aufschrift: „Don't give away the ending, it's the only one we have – Verraten Sie das Ende nicht, es ist das einzige, das wir haben". Das stand auf allen Plakaten und Anzeigen. Die Leute sind daraufhin natürlich noch neugieriger geworden.

Weniger gut in Erinnerung blieb Hans, neben Sophia Loren und Charlton Heston, der stets als Hitchcocks Nachfolger gehandelte Brian

De Palma. Der Regisseur von Filmen, wie „Dressed to Kill", „Scarface", „Mission Impossible" oder „The Black Dahlia" war zur „Viennale" angereist und wurde von Hans vom Flughafen abgeholt. Sie schlossen vom ersten Moment an keine Freundschaft.

Brian De Palma war schon von der ersten Minute an, als ich ihn vom Flughafen abholte, ziemlich unfreundlich. Am Abend war dann ein Empfang bei der Viennale. Ich wollte mich von ihm nicht wie ein Trottel behandeln lassen, habe ihn nur bis zum Empfang geführt und dann die Presseverantwortliche der Viennale gebeten, ihn zu übernehmen und zu betreuen. Sie war ganz glücklich über die Aufgabe den berühmten Regisseur kennenzulernen – und ich war ihn los.

## Ein junger, unbekannter Regisseur

Im Sommer 1973 traf Hans Menasse den damals 27-jährigen Steven Spielberg anlässlich der Österreich-Premiere seines Thrillers „Duell" in Wien zum ersten Mal. Hierzulande war Spielberg zu dieser Zeit kaum jemandem bekannt, während der junge Mann mit den langen Haaren und der großen Brille in amerikanischen Filmkreisen bereits als ein Versprechen für die Zukunft galt. Die Universal Studios hatten ihn noch während seines Studiums vertraglich an sich gebunden, womit er zum jüngsten Regisseur wurde, der von einem der führenden Hollywood-Firmen einen solchen Langfristvertrag bekam. Spielberg erhielt umgehend den Auftrag, vier TV-Filme zu produzieren. Der erste, „Duell", zeigte die Jagd eines riesigen Trucks auf einen kleinen PKW der Marke „Plymouth". Der verängstigte Fahrer des PKW, dargestellt von Dennis Weaver, scheitert immer wieder daran, dem LKW zu entkommen, bis er am Schluss doch noch sein nacktes Leben retten kann. Der

Fernsehfilm wurde wegen seiner knisternden Spannung von den Kritikern und den Zuschauern so begeistert aufgenommen, dass Universal beschloss, eine Adaption zum Kinofilm zu beauftragen.

Hans allerdings findet dieses Jugendwerk bis heute nicht rasend toll. Als der Regisseur in Wien landete, wurde er von Hans empfangen und ins Hotel Sacher begleitet.

Ich habe ihn abgeholt, um mit ihm Mittagessen zu gehen, aber er hat noch telefoniert. Es war das dann ein stundenlanges Gespräch über ein Filmprojekt und ich konnte mithören, dass irgendetwas mit dem Drehbuch noch nicht passte. Spielberg wollte Adaptionen daran, und die Locations sollten auch geändert werden. Damals war das Telefonieren, anders als heute, sehr teuer. Die Telefonrechnung von Spielberg nach Los Angeles hat uns am Ende viel mehr gekostet als die Miete des Zimmers im Sacher, obwohl das schon nicht billig war.

Hans fragte Spielberg, welches Projekt er denn da vorbereite und der sagte: „It's about a big shark. A horror picture about a big shark." Hans war davon überzeugt, dass ein Film über einen Fisch nicht funktionieren könne. Heute muss er eingestehen, dass er sich geirrt hat, war doch „Jaws" („Der weiße Hai") einer der großen Erfolge, die Spielbergs Ruhm begründeten.

Hans hatte die Aufgabe, in Österreich Marketing für den Film „Duell" zu machen und dem noch unbekannten Regisseur Interviews zu verschaffen. Daran wurde er gemessen – und das leistete er mit Bravour. Er rief befreundete Filmjournalisten, darunter die in Wien legendären Roman Schliesser, Luigi Heinrich und Helmuth Dimko an, arrangierte Meetings und erreichte eine Vielzahl von Berichten in verschiedenen Medien. Dimko drehte mit Spielberg zwischen Wracks und Altautos auf dem Platz einer Autoverwertungsfirma im Süden Wiens.

Hans konnte so eine Reihe von Zeitungsauschnitten über den „Nachwuchsregisseur" nach London schicken, ohne zu wissen, welchen zukünftigen Star er in Wien schon vorweg ein wenig berühmt gemacht hatte. Spielberg und Hans sollten einander später noch mehrmals begegnen.

## Ein weltberühmter Regisseur

Zwanzig Jahre nach der österreichischen Premiere von „Duell" kam Steven Spielberg erneut nach Wien. Filme wie „The Sugarland Express" („Sugarland Express"), „E.T. the Extra-Terrestrial" („E.T. – Der Außerirdische"), „The Color Purple" („Die Farbe Lila") oder die ersten „Indiana Jones"-Streifen hatten den Regisseur zu einem der Größten in der Reihe der Hollywood-Berühmtheiten werden lassen. Dennoch erinnerte er sich gut an Hans, wie ein Foto beweist, auf das er „Wow, we are together 20 years" schrieb.

Am 16. Februar 1994 fand die Europapremiere von „Schindler's List" („Schindlers Liste") in Wien statt. Spielberg hatte begonnen, sich mit seinen jüdischen Wurzeln und dem Schicksal seiner Familie zu befassen und machte die Verfolgung und Vernichtung der Juden, die Shoah zu einem Leitthema seiner Arbeit. Als Unterlage für den Film über den deutschmährischen Industriellen Oskar Schindler diente das gleichnamige Buch von Thomas Keneally. Schindler hatte im Zweiten Weltkrieg rund 1.200 Juden und Jüdinnen das Leben gerettet, indem er sie in seinem Rüstungsbetrieb beschäftigte und damit vor der Deportation in das Konzentrationslager Auschwitz bewahrte, wo sie unweigerlich ermordet worden wären.

Hans, der auch diesmal den Filmemacher betreute, buchte für ihn ein Zimmer im Hotel Imperial. Einige Tage, nachdem die Reservierung an Spielbergs Team weitergeleitet worden war, kam ein Antwortschreiben. Spielberg habe erfahren, dass Adolf Hitler seinerzeit in diesem Hotel gewohnt hatte. Er wolle unter keinen Umständen dort untergebracht werden, und vielleicht gar im selben Bett nächtigen wie der Judenmörder, ließ er ausrichten.

Also musste Hans eine Alternative finden, was sich als gar nicht so einfach entpuppte. Das Hotel sollte nahe dem Gartenbaukino gelegen sein, wo die Premiere stattfand und es musste zwingend ein Zimmer im Erdgeschoß oder im ersten Stock sein, weil Spielberg unter Klaustrophobie litt und nicht bereit war, in einen Aufzug zu steigen. Hans wählte das direkt neben dem Kino befindliche SAS-Hotel, wurde dort aber darüber informiert, dass es geräumige Suiten nur in den oberen Stockwerken gäbe. Das einzige Zimmer, das halbwegs in Frage kam, war eine Junior Suite, nichts anderes als ein einfaches Zimmer mit kleinem Vorraum. Hans buchte es dennoch, denn so schien zumindest sichergestellt, dass Spielberg keinen Lift verwenden würde müssen.

Hans holte Spielberg mit einer Limousine samt Chauffeur vom Flughafen ab. Auf dem Weg in die Stadt plauderten die beiden so angeregt, dass Hans nicht realisierte, dass der Fahrer statt zur Auffahrt des Hotels am Ring direkt in die Garage im Untergeschoß fuhr. Hans war entsetzt und sagte zu Spielberg: „Steven, he is gone to the garage, we have to take a lift." Spielberg aber war entspannt und bereit, das eine Stockwerk mit dem Aufzug zu bewältigen.

Später stellte sich heraus, dass das Hotel ideal für den Premierenort gelegen war. Die Notausgänge des Gartenbaukinos führen direkt auf einen kleinen Platz in unmittelbarer Nähe des Hotels. So konnte Spielberg nach der Vorstellung ins Hotel gelangen, ohne auf die Hunderten, aus dem Kino strömenden Besucherinnen und Besucher zu treffen.

Die Premiere von „Schindlers Liste" glich einem Staatsakt: Bundespräsident Thomas Klestil hatte den Ehrenschutz übernommen, Bundeskanzler Franz Vranitzky, Kulturminister Rudolf Scholten, Simon

Hans Menasse und Steven Spielberg in Wien, 1994 (Quelle: Alexander Tuma/ picturedesk.com).

Wiesenthal, die Spitzen der Israelitischen Kultusgemeinde und rund 700 Wiener Juden und Jüdinnen waren anwesend. Spielberg selbst saß zu Beginn der Vorstellung in einer Loge im hinteren Bereich des Saals. Nach einer Viertelstunde verließ er das Gartenbaukino und ging mit seinen Begleitern, darunter seinem Pressesprecher Gerry Lewis, einem der Produzenten des Films, Branko Lustig – selbst ein Shoah-Überlebender – und Hans zum Essen. Pünktlich vor Ende des Films waren der Regisseur und seine Entourage dann zurück im Kino. Als der Abspann über die Leinwand lief, herrschte im Kinosaal absolute Stille. Der Film hatte die Menschen vollkommen in seinen Bann gezogen. Erst nach ein, zwei Minuten brach tosender Applaus aus. Alle wandten sich nach hinten, wo Spielberg saß, und feierten ihn frenetisch.

In einer deutschen Filmzeitschrift war nach der Wiener Premiere zu lesen, dass mit ihr die Latte für den Filmstart in Deutschland sehr hoch gelegt worden sei.

Simon Wiesenthal, der es sich zu seiner Lebensaufgabe gemacht hatte, Gerechtigkeit für Millionen unschuldig Ermordeter zu fordern, hatte zu Spielberg, wie Briefe zeigen, eine besondere Verbindung.

Im Erscheinungsjahr von „Schindlers Liste" 1994 gründete Steven Spielberg die „Survivors of the Shoah Visual History Foundation". Diese gemeinnützige Organisation interviewte Überlebende der Shoah in der ganzen Welt. Das heute bereits Zehntausende Videos umfassende Archiv dokumentiert die Geschichte der Menschen, die den Völkermord der Nationalsozialisten überlebt hatten und macht sie für nachkommende Generationen zugänglich.

Im September 1999 warf der deutsche Publizist Henryk Broder in einem Kommentar im deutschen Magazin „Der Spiegel" Steven Spielberg vor, dass das entstandene Material nach Ansicht von Historikern zwar dürftig sei, aber dem Regisseur viel Geld einbringe. Spielberg hatte sich für Hans zu einer Art Weggefährten durch seine Berufskarriere entwickelt. So nimmt es nicht Wunder, dass er heute noch empört über diesen Vorwurf des „Shoah-Business" gegenüber Spielberg ist:

Das war ein echter Blödsinn. Spielberg hat so viel Geld verdient, der brauchte kein Business. Im Gegenteil, er hat wirklich viel Geld in die Shoah-Foundation eingezahlt, um Lebensläufe von Überlebenden zu dokumentieren.

Gerry Lewis, Steven Spielbergs Pressereferent, wollte als Reaktion auf den Kommentar im „Spiegel" erreichen, dass eine andere renommierte deutsche Zeitung ein Interview mit seinem Chef führe. Er kontaktierte die „Frankfurter Allgemeine Zeitung", bei der zu dieser Zeit Eva Menasse, die Tochter von Hans, arbeitete. Und prompt schickte man die junge Frau nach Hollywood, wo sie ein Gespräch mit dem Regisseur führte, das im Jänner 2000 in der Zeitung erschien. Zu Beginn des Interviews

# DOKUMENTATIONSZENTRUM
DES BUNDES
JÜDISCHER VERFOLGTER DES NAZIREGIMES

A-1010 WIEN, SALZTORGASSE 6/IV/5 — TELEFON 533 98 05, 533 91 31, FAX 8350397

BANKVERBINDUNG:
CREDITANSTALT BANKVEREIN WIEN
KONTO NR. 47-32 608

Mr. Hans Menasse
UIP Filmverleih Ges.m.b.H.
Neubaugasse 1
A-1071 Vienna

FAX: 526 75 48

WIEN, February 22, 1994
SW/Tr

Dear Mr. Menasse,

I would like to thank you for the excellent organization of
the European premiere of Steven Spielberg's "Schindler's
List" in Vienna. The entire event - beginning with our first
talks, to the invitations, the later preparations for the
press conference and the reception by the U.S. ambassador
to Austria - was carried through so professionally that it
could well serve as a model for similar events.

The outstanding organization of the premiere and the wonderful
reception for the director of the film in Austria also proved
to be a big success for the charitable organization, Amcha,
which will receive the proceeds from the event, as well as
for Spielberg and the film itself. I am convinced that as
a result of the very extensive and postive coverage by the
media, this unique film will be viewed by many Austrians and
especially by the young people.

With all best wishes,

Sincerely,

Simon Wiesenthal

Simon Wiesenthal dankte Hans für die „exzellente Organisation der Europapremiere", 22. Februar 1994.

# Ein weltberühmter Regisseur

## steven spielberg

10 March 1994

Mr. Simon Wiesenthal
Salztorgasse 6/IV/5
A-1010 Vienna
Austria

Dear Mr. Wiesenthal,

When I was making SCHINDLER'S LIST, I couldn't have imagined
what I was going to feel bringing the finished film to the country
where Hitler was born. I'll never forget the range of emotions I
experienced that day and night in Vienna. A beginning for
recognition of what happened in the past, and a rush of hope and
optimism for the future.

After meeting you in Vienna and hearing your enthusiasm for the
educational uses of my film through screenings and the study
guide, it was truly a thrill to read the Kurier headline,
"SCHINDLER'S LIST...History that leaves students speechless."

We all agree, I know, that it is vital to educate young people today
about the horrors of the past so that we can prevent their
repetition. In today's climate of resurgent racism and neo-Nazism,
this is especially important.

I believe the talmudic phrase so central to SCHINDLER'S LIST,
"Who ever saves one life, saves the world entire" applies just as
strongly to thought and ideology. I hear the Austrian government
has planned many screenings, with more than 20,000 students
expected in Vienna alone to see the film. If we can help change or
guide their minds towards an understanding and tolerance that
they will pass on to their children, and so on, then my highest
aspirations for SCHINDLER'S LIST will have been achieved.

All my best,

100 UNIVERSAL PLAZA/BUNGALOW 477/UNIVERSAL CITY, CA 91608/818/777-4600

Steven Spielberg über die emotionale Premiere an Simon Wiesenthal, 10.
März 1994.

135

fragte Spielberg Eva noch, ob sie mit Hans verwandt sei und meinte erfreut: „Wow – next generation!" „Später ließ er uns über Gerry Lewis wissen, dass er noch selten ein so gut geführtes Interview gehabt hätte wie jenes mit Eva", erzählt Hans mit angemessenem Vaterstolz.

## E.T. blieb in Hollywood

Zwischen den beiden Begegnungen von Hans Menasse und Steven Spielberg in Wien anlässlich der Filme „Duell" und „Schindlers Liste" hatten die beiden aus der Ferne miteinander zu tun. Im Juni 1982 kam Spielbergs Science-Fiction-Film „E.T. – Der Außerirdische" in die US-amerikanischen Kinos. Im selben Jahr war für August eine große Weltraumkonferenz in Wien geplant. Rund 3.000 Teilnehmer waren zur „2. UNO-Weltraumkonferenz über die Erforschung und friedliche Nutzung des Weltraumes (UNISPACE 82)" angemeldet. Der damalige ständige Vertreter Österreichs bei der „European Space Agency", Peter Jankowitsch, informierte Bundeskanzler Bruno Kreisky und präsentierte die Idee, dass man versuchen solle, den Film noch vor der offiziellen europäischen Premiere bei der Konferenz den versammelten Wissenschaftlern zu zeigen. Eine Begegnung von sachlicher Wissenschaft und Science-Fiction könnte für beide seinen Reiz haben, meinte Jankowitsch. Kreisky übergab das Projekt an den Wiener Kulturstadtrat und späteren Bürgermeister Helmut Zilk, der seinerseits den Geschäftsführer der Wiener Stadthalle, Anton Zahnt, beauftragte, die Angelegenheit weiter zu verfolgen. Zahnt wiederum rief Hans Menasse an und bat ihn, seine Kontakte nach Hollywood spielen zu lassen. Dieser richtete daraufhin eine Anfrage an sein Hauptbüro in London – die ernüchternde Antwort ließ nicht lange auf sich warten: „Steven Spielberg", hieß es da, „würde zwar grundsätzlich zustimmen, aber darauf bestehen, dass ein hochwertiges Projektionsgerät und eine spezielle Leinwand verwendet werden müsse, wie sie in Wien nicht verfügbar waren. Darüber hinaus müssten auch drei Experten aus Hollywood eingeflogen werden, die sicherstellen sollten, dass alles richtig installiert würde und die Aufführung perfekt abliefe." Eine schnelle Rechnung ergab, dass der Transport der Spezialausrüstung und der Aufenthalt der Fachleute rund 500.000 US-Dollar kosten würden, die die Stadt Wien und die Veranstalter der Konferenz zu tragen hätten. Die Information durchlief die Kette in umgekehrter Richtung. Hans informierte Zant und dieser den Kulturstadtrat Zilk. Die Ablehnung des Projekts durch den Politiker kam allerdings auf mehr als direktem Weg: „Der Menasse hat als Fußballer scheinbar zu oft geköpfelt, der ist schon ganz deppert. Wieso glaubt er, dass wir das zahlen? Das haben die zu zahlen."

Die Weltraumkonferenz musste schließlich ohne spektakuläre Eröffnung auskommen und so konnte der kleine E.T. auch von Wien aus nicht nach Hause telefonieren.

## Arnold Schwarzenegger – Österreichs berühmtester Hollywood-Export

Anlässlich der in Wien stattfindenden Europapremiere der Komödie „Junior", die als Benefizgala für das auf Krebsbehandlungen spezialisierte St. Anna-Kinderspital in Wien organisiert war, traf Hans 1994 den „Terminator", den er gemeinsam mit dessen Mutter am Flughafen abholte. Auch Schwarzeneggers Mentor aus den Jugendjahren in Graz, Alfred Gerstl, war gekommen. Die Historikerin und Filmemacherin Helene Maimann hat über die bemerkenswerte Verbindung des Grazer Kaufmanns Gerstl mit dem Weltstar Schwarzenegger im jüdischen Kulturmagazin „NU" im September 2003 ausführlich geschrieben. Gerstl

Hans Menasse empfängt den zum Hollywood-Star aufgestiegenen steirischen Bodybuilder. Links Alfred Gerstl, im Hintergrund Schwarzeneggers Mutter Aurelia, 1994.

betrieb in seiner Heimatstadt in den 1960er-Jahren das vermutlich erste Fitness-Studio Österreichs, in dem auch sein Sohn und dessen Freund Arnold trainierten. Gerstl erinnerte sich im Gespräch mit Maimann, wie der junge Arnold Schwarzenegger und andere aus dem Studio 1964 in Graz daran beteiligt waren, einen Aufmarsch von Neonazis auseinanderzutreiben. Schon damals dürfte dort, wo Arnie zuschlug, kein Grashalm mehr gewachsen sein.

Dieser Bericht in „NU" erschien einige Monate vor Schwarzeneggers Wahlkampf um das Amt des Gouverneurs von Kalifornien, in dessen Verlauf der gebürtige Österreicher diskreditiert wurde, weil sein leiblicher Vater ein Nazi gewesen war. Eine Kurzmeldung der Austria Presse Agentur über den Artikel in „NU" wurde von der internationalen Nachrichtenagentur Reuters aufgegriffen und löste eine überwältigende Resonanz aus. Binnen kürzester Zeit wurde Schwarzeneggers

Entlastung vom Vorwurf der Nähe zum Nationalsozialismus in vielen internationalen Medien, wie dem britischen „Guardian", den „New York Daily News" oder der „Los Angeles Times" verbreitet. Der gute Ruf von Schwarzenegger war dank des Interviews mit Alfred Gerstl wiederhergestellt und er wurde schließlich auch zum Gouverneur gewählt.

## In weiteren Rollen traten auf

### *Ghettoblaster, Brokkoli und Zucker*

Der 15. James Bond-Film „The Living Daylights" („Der Hauch des Todes") in der Regie von John Glen wurde ab Herbst 1986, zum Teil auch durch das Wirken von Hans Menasse, in Wien gedreht. Dazu kam, dass der Regisseur als 17-Jähriger im Jahr 1949 beim britischen Thriller „The Third Man" („Der dritte Mann") mitgearbeitet und die Stadt kennengelernt hatte. Als Hommage an die Arbeit von Regisseur Carol Reed wollte er das Riesenrad bei seinem Film in Szene setzen. In der Folge gab es Probleme mit den Drehgenehmigungen in Bratislava, wo ein großer Teil des Films spielen sollte. Daraufhin wurden Hans und seine Kollegen aktiv und schlugen Wien als Ersatz vor. So wurde das Operngebäude in der slowakischen Hauptstadt durch die Wiener Volksoper ersetzt. Auch die Gasometer im Osten der Stadt, die Wiener Sofiensäle und das Schlosstheater Schönbrunn kamen zu Hollywood-Ehren. Der damalige Wiener Bürgermeister Helmut Zilk soll angeblich scherzhaft gesagt haben, dass er das Projekt so sehr unterstütze, dass das Team auch die U-Bahn in die Luft sprengen dürfe, wenn das denn notwendig sei. Die im Film vorkommende Rakete „Ghettoblaster" wurde in Wien aber nicht eingesetzt, weshalb die U-Bahn auch heute noch fährt.

Zusammen mit John Glen kam Albert Romolo „Cubby" Broccoli, der Produzent des Films nach Wien. Bei einem gemeinsamen Essen gab er dann seinen „Einserschmäh" zum Besten, als er zu Hans sagte, dass er keinen Brokkoli essen müsse, auch wenn er auf der Speisekarte stünde. Zur Premiere der Slapstick-Komödie „The Naked Gun: From the Files of Police Squad!" („Die nackte Kanone") kamen der Regisseur David Zucker und Hauptdarsteller Leslie Nielsen gemeinsam nach Wien. Hans erinnert sich, dass er die beiden in das Gasthaus „Marchfelderhof" in Deutsch-Wagram, unweit von Wien, zum Mittagessen ausgeführt hatte. Dort sah der Filmemacher unter vielen Antiquitäten auch alte Porzellandosen, auf denen das Wort „Zucker" stand. Er kaufte daraufhin zwei von ihnen und machte sich in der Wiener Innenstadt bei Altwarenhändlern auf die Suche nach weiteren Dosen.

Die „Süddeutsche Zeitung" charakterisierte David Zucker als den Meister der Übertreibung und wählte dafür ein Beispiel aus dem Film „Die nackte Kanone":

Das bevorzugte Stilmittel des Filmemachers David Zucker ist die Übertreibung. Man könnte daher sagen, dass er so etwas wie der Erfinder der ultimativen Hyperbelkomödie in Hollywood ist. Deren Prinzip funktioniert folgendermaßen: Da fällt ein Mann vom Dach eines Hauses. Dann fährt ein Bus über ihn drüber. Dann eine Walze. Dann folgt eine ganze Marching Band, die über ihn hinwegstapft. Und um diesen Unsinn noch mal zu toppen, kommentiert ein Zaungast: „Schrecklich! Mein Vater ist genauso gestorben."

## *Cops, Weltraumabenteurer und Sportstars*

Einem Meister der schauspielerischen Übertreibung ist Hans bei einem „Branch Meeting" von Universal, bei dem alle Pressechefs des Unternehmens aus der ganzen Welt zusammentrafen, begegnet. Lew Wasserman, einer der bedeutendsten Produzenten Hollywoods, hatte geladen und alle Stars waren gekommen. Unter ihnen auch Eddie Murphy, der Schnellsprecher aus der Serie „Beverly Hills Cop". Der Stern des 1961 geborenen Stars war schon in den 1980er-Jahren aufgegangen und leuchtet bis heute hell – und mitunter schrill.

Der Schauspieler und Regisseur Mel Ferrer, der zur Premiere des 1967 gedrehten Films „Wait Until Dark" („Warte, bis es dunkel ist"), in dem seine Ehefrau Audrey Hepburn die Hauptrolle spielte, nach Wien kam, war von Hans' Betreuung besonders angetan.

Eddie Murphy und Hans Menasse bei einem Treffen in Hollywood, 1980er-Jahre.

Ich habe Ferrer gefragt, ob ich an unsere Zentrale in London schreiben dürfe, dass alles OK gewesen sei. Er sagte: „Nein das kannst du nicht." Ich bin zurückgeprallt. Er lacht und ergänzt: „Du kannst nicht schreiben, dass es OK gewesen wäre. Du musst schreiben, dass es super war, wirklich wunderbar."

Zur Premiere des Films „Downhill Racer" („Schussfahrt") Anfang 1970, der unter anderem in Kitzbühel und in St. Anton am Arlberg gedreht wurde, kam mit Schauspielerin Natalie Wood ein Hauch von Hollywood nach Tirol. Sie begleitete ihren Mann, Richard Gregson, der den Film produziert hatte. Bei der Premiere stellte Hans dem Hollywood-Star die österreichischen Ski-Stars Toni Sailer und Karl Schranz vor.

Ein Jahr davor kam der Science-Fiction-Film „Barbarella" in die Kinos. Mehr Aufsehen als die Handlung hatten die vom Modedesigner Paco Rabanne inspirierten Kostüme, die wegweisend für die Pop-Art-

Natalie Wood und Ehemann Richard Gregson mit Hans Menasse in Kitzbühel, Jänner 1970 (Quelle: Foto Toni).

V. l. n. r.: Hans Menasse, Jochen und Nina Rindt, 1968 (Quelle: Erich Holan).

Kunst der 1960er- und 1970er-Jahren wurden. Hans war immer bemüht, Prominente zu Filmpremieren einzuladen, um das Interesse möglichst vieler Medien zu wecken. Zur Premiere des nach einer Comic-Vorlage gedrehten Films kam Österreichs berühmter Formel-1-Fahrer Jochen Rindt mit seiner Frau Nina ins Flottenkino. Der sympathische Rennfahrer starb nur zwei Jahre später bei einem Unfall im italienischen Monza.

Ein wichtiger Vertreter der Science-Fiction-Filmgeschichte, der Schauspieler Leonard Nimoy, der mehr als fünfzig Jahre lang in einer Vielzahl von Filmen mitgewirkt hatte und durch seine Rolle als Mr. Spock in „Star Trek" berühmt wurde, dankte Hans für seine Betreuung. Eines der vielen überlieferten Zitate vom Weltraumhelden wird von Hans Menasse klar widerlegt:

Auf meinem Planeten bedeutet ausruhen, sich auszuruhen – keine Energie zu verschwenden. Für mich ist es recht unlogisch, auf einem

143

Ein Dank von Mr. Spock.

grünen Rasen hoch und runter zu laufen, Energie zu verbrauchen, anstatt sie zu sparen.

Bei Hans zeigt sich deutlich, dass diese Theorie auf unserem Planeten so nicht gilt. Er ist mehr als achtzig Jahre hindurch auf Rasen und Sand auf- und abgelaufen und gehört nach wie vor zu den fittesten Menschen seiner Altersgruppe. Auf Commander Spocks Planeten Vulkan hätte er sich wahrscheinlich nicht wohlgefühlt.

### *Franz Antel – Österreichs Multi-Regisseur*

Der österreichische Regisseur hat bis zu seiner letzten Arbeit im Jahr 2003, dem vierten Teil der „Bockerer-Saga", in seinen neunzig Lebensjahren mehr als hundert Filme gedreht. Dabei hat er nahezu kein Genre ausgelassen. Sein Schaffen reicht von Heimat-, Sex- und „K.-und-K."-Filmen bis hin zu zeithistorischen Arbeiten, die stets so gemacht waren, dass sie ein großes Publikum fanden. Er war auch ständiger Gast in Gesellschaftskolumnen und TV-Prominentenberichterstattung. Jeder kannte Franz Antel. Trotz des gemeinsamen Nenners „Film" hat Hans den berühmten Regisseur erst in einem anderen Zusammenhang näher kennengelernt.

Antel hat einen Hobby-Fußballklub gegründet, den FC Antel. Eines Tages fragte er mich, ob ich mitmache. Ich sagte zu und habe dann auch andere Fußballer dazu animiert, mitzuspielen, beispielsweise meinen Tennispartner, den ehemaligen Stürmer des Wiener Sport-Clubs, Max Horak. Unter anderem dabei waren Prominente, wie die Schauspieler Tommy Hörbiger, Peter Vogel oder als Tormann Franz Muxeneder. Dann auch Alfred ‚Alfie‘ Windisch-Graetz oder der Heurigensänger Walter Hojsa. Das waren keine guten Kicker, aber sie haben gerne gespielt und dann war da noch Franz Antel selbst. Er spielte ebenfalls leidenschaftlich gern, war aber völlig ahnungslos, was das Spiel betraf. Er konnte nicht einmal den Ball aufhalten. Meist waren wir drei bis vier echte Fußballer und der Rest waren die Nicht-Kicker, um es vornehm auszudrücken. Da ging es mitunter gegen Mannschaften mit elf Fußballern. Weil der Max Horak und ich noch relativ jung waren, haben wir mitunter alleine das Spiel getragen.

Antel-Krautfleisch.

Ich erinnere mich, dass wir einmal irgendwo in der Nähe von Wien gespielt haben. Max und ich als Stürmer haben ein Tor geschossen, hinten haben wir gleich eines bekommen. Wir waren wieder vorne erfolgreich und erneut haben sie ausgeglichen. Das ging so sechzig Minuten lang, 6 zu 6, 7 zu 7, und so weiter. Irgendwann hat der Maxl zum Schiedsrichter gesagt: „Heast pfeif o jetzt, mia kennan nimma.“

Umgekehrt habe ich Franz Antel immer zu meinen Filmpre-

Die Ehrung, 1996.

mieren eingeladen und er mich zu seinen Erstaufführungen. Später
spielten wir in der ,Montag-Runde', das war die Hobby-Mannschaft
des damaligen Austria-Präsidenten Joschi Walter, die auch nach seinem Tod noch weiterbestand. Antel hat die Spieler einmal im Jahr in
seine Villa im 19. Bezirk auf ein Szegediner Krautfleisch eingeladen.
Das war seine Spezialität. Die Konservenfabrik Inzersdorfer hat sogar
eine Sonderedition mit seinem Krautfleisch herausgebracht.

Hollywood hatte mit Hans Menasse für mehr als 47 Jahre eine Ideal-
besetzung in Wien gefunden. Das wusste Universal und hat es ihm mit
Brief und Siegel auch versichert.

Die Mischung aus britischer Lebensart, Wiener Schmäh, Kreativität
und „Zug zum Tor" nicht nur im Fußball, sondern auch im Beruf, hat
Hans Menasse zu einer allseits geachteten und beliebten Person werden

Hans Menasse im Gespräch mit Prinz Charles, 2017
(© Ouriel Morgensztern).

lassen. Er selbst blickt mit positiven Gefühlen auf seinen Lebensweg und seine berufliche Karriere zurück. Für seine Tätigkeiten und Leistungen wurde er am 29. März 1996 durch Wirtschaftsminister Johann Farnleitner mit dem „Goldenen Verdienstzeichen der Republik Österreich" geehrt.

Als Prinz Charles und seine Frau Camilla, im April 2017, im Rahmen eines Wien-Aufenthaltes zu Besuch im Jüdischen Museum Wien waren und mit Holocaust-Überlebenden zusammentrafen, ergab sich auch ein kurzes Gespräch des britischen Thronfolgers mit Hans Menasse. Als Prinz Charles hörte, dass Hans als kleines Kind vor der nationalsozialistischen Verfolgung nach England flüchten konnte und dort die Kriegszeit verbracht hatte, sagte er: „I hope we were good to you."

# Die Familie –
# eine höchstpersönliche Annäherung

von Peter Menasse

In den vorangegangenen Kapiteln wurde viel über die Geschichte der Familie Menasse aus Hans' Sicht erzählt. Kindheit, Flucht, Aufenthalt in England, Rückkehr, Fußballkarriere und das Arbeitsleben sind dokumentiert. Was noch fehlt, sind die familiären Beziehungen unseres Hauptdarstellers im Erwachsenenalter.

Im vielleicht berühmtesten japanischen Film, „Rashomon" aus 1950, wird eine Geschichte so erzählt, dass alle Beteiligten vor Gericht ihre jeweilige Version darstellen. Es zeigen sich gravierende Unterschiede in den Berichten. Die Schlussfolgerung aus diesem philosophischen und filmischen Meisterwerk ist, dass es die objektive Wahrheit nicht gibt. Die Wahrnehmung eines jeden von uns wird, bewusst oder unbewusst, von Interessen geleitet und unterscheidet sich daher von jener unserer Mitmenschen. Um es auf den Fußball zu projizieren: Ein Austria-Anhänger und ein Rapid-Anhänger werden bei einem Derby bei jedem Pfiff des Schiedsrichters unterschiedlicher Meinung sein. Gerade bei Erzählungen über die eigene Familie spielen interne Beziehungen, aber auch das Alter des Erzählers eine Rolle.

Eva Menasse, Hans' ältere Tochter, hat ihrer und damit seiner Familie mit ihrem Roman „Vienna" bereits ein Denkmal gesetzt. Es handelt sich dabei jedoch um eine fiktionale Geschichte, die viele Elemente des Realen verwendet, aber eben als Roman gelesen werden will. Hans'

Bruder, mein Vater Kurt, hat diese Unterscheidung nur schwer treffen können. Im Buch wird der Bruder der Hauptfigur unter anderem als Bankrotteur dargestellt. „Ich habe doch nie Bankrott gemacht. Das ist schrecklich, wenn die Leute das von mir denken", sagte er einmal zu mir in einem Gespräch über das Buch meiner Cousine. Ich versuchte ihn zu beruhigen: „Das ist doch ein Roman und keine Dokumentation. Außerdem hat Eva dich zum Kriegshelden gemacht. Das ist doch super." „Nein", sagte Kurt darauf, „meine Freunde von damals wissen, dass ich kein Kriegsheld war. Jetzt werden sie denken, ich sei ein Angeber."

Ich werde hier einen sehr persönlichen Weg wählen, um ein paar Mitglieder der Familie so vorzustellen, wie ich sie kenne und erlebt habe.

## Richard und Dolly

Hans' Eltern, Dolly, geboren 1890, und Richard, geboren 1892, heirateten im Jahr 1917. Sie hatten sich während des Ersten Weltkriegs in der Tschechoslowakei kennengelernt, als Richard in Uniform der k.u.k Armee dorthin versetzt wurde. Sie blieben ein Paar bis zu Richards Tod im Jahr 1976, also nahezu sechzig Jahre lang. Da ein Leben ohne den gewohnten Partner nach einer so langjährigen Beziehung äußerst schwierig ist, starb Dolly rund ein Jahr nach ihrem Mann.

Hans erzählt, dass seine Mutter so sehr unter dem Tod ihrer Tochter Trude gelitten habe, dass sie auch viele Jahre später noch in Tränen ausbrach, wenn die Rede auf sie kam. Ich hingegen habe meine Oma Dolly als eher strenge Frau kennengelernt. Diese Strenge mag sich auch daraus erklären, dass sie den ganzen Krieg hindurch dem Druck widerstand, sich von Richard scheiden zu lassen – es hätte seinen sicheren Tod bedeutet. Nur die aufrechte Ehe mit der „Arierin" wirkte für ihn als Schutzschild vor der Verschleppung in ein Konzentrationslager. Dolly war halsstarrig und stark. Ihre sudetendeutschen Verwandten in der Tschechoslowakei wurden zu treuen Anhängern der Nationalsozialisten, sie hingegen folgte unbeirrt ihrem jüdischen Mann in die sogenannte Judenwohnung im 2. Bezirk, inklusive dem „Judenstern" an der Wohnungstür. Während Richard Zwangsarbeit verrichtete, musste sie ständig um ihn bangen, weil er jederzeit verhaftet und verschleppt hätte werden können. Doch sie stand zu ihm, obwohl eine für sie lebenserleichternde Scheidung damals ganz einfach zu bewerkstelligen gewesen wäre.

Meine erste deutliche Erinnerung an Oma Dolly resultiert aus dem Jahr 1953. Sie holte mich ausnahmsweise von der Volksschule ab, was bis dahin nie vorgekommen war und, wie ich glaube, auch das einzige Mal blieb. Just an diesem Tag – vielleicht kam es ja auch öfter vor – hatte ich irgendwas angestellt und musste eine Stunde nachsitzen. Daraufhin wurde ich den ganzen Schulweg bis zur Wohnung von ihr gescholten. Meine Mutter, bald schon von meinem Vater Kurt (Hans' Bruder) geschieden, erzählte noch Jahre nach der Trennung folgende Begebenheit: „Du musst dir vorstellen, ich war gerade mal 23 Jahre alt und hatte keine Ahnung von Haushaltsführung und auch keine Lust darauf. Ich las viel lieber ein Buch und vergaß darüber oft sogar die Zeit. Dolly kam zu uns, ging zu einem Kasten, wischte mit der Hand darüber und schüttelte dann missbilligend den Kopf, weil sie vom Staub graue Finger hatte. Es war eine schreckliche Demütigung für mich."

Die Starrköpfigkeit von Dolly zeigte sich besonders bei Gesprächen mit ihrem Mann Richard. Die beiden verbanden zwar Jahrzehnte gemeinsamer Geschichte, aber sie waren sich über kaum ein Detail einig. Was immer der eine erzählte, der andere widersprach heftig. Großmutter gewann diese Duelle meistens, weil sie nicht nachgab. Großvater ersparte sich nach einigem Hin und Her die mühselige Widerrede, mit

der er sich doch nicht durchsetzen konnte, machte stattdessen eine weg-
wischende Armbewegung und sagte: „Aber, aber!"

Damit war die Diskussion beendet. Es ist diese Geste, die alle Familienmitglieder am besten von ihm in Erinnerung haben und gerne nach-
machen. Am Ende einer großelterlichen Streiterei wusste man nie, wie
es wirklich gewesen war, aber man hatte ein unterhaltsames Schauspiel
erlebt. Ein Zeichen ihrer Verbundenheit bestand auch darin, dass sie
beide alle Medikamente, die in der Lade einer Psyche aufbewahrt waren,
einnahmen, ganz egal, wem sie verschrieben worden waren. So schluck-
ten sie Mittel gegen hohen und gegen niedrigen Blutdruck gleichzeitig
und erreichten trotzdem ein hohes Alter.

Beiden gemeinsam war auch, dass sie sich je nach Kontext alt oder
jung fühlten. Als sie noch keine siebzig Jahre alt waren, wollten sie sich
nichts mehr zum Geburtstag wünschen: Sie würden doch nicht mehr
lange leben und bräuchten daher nichts. Als sie aber in ihren 80ern eine
kleine Wohnung in einem Pensionistenheim bezogen, pflegten sie sich
ständig darüber aufzuregen, dass das ganze Haus voller alter Leute sei,
obwohl inzwischen die meisten jünger waren als sie selbst.

Wenn ich als junger Mann auf Besuch kam, holte Dolly ein Heft aus
der Lade und hielt es mir vor die Nase. „Warum kommst du so selten?",
sagte sie, „Schau mal, zuletzt warst du vor vier Monaten da." Kam ich
nicht, war es nicht recht, kam ich dann doch, wurden mir lang und
ausführlich die Leviten gelesen.

Richard war der Stammvater der Ungeduld und Nervosität, die fast
alle in der Familie in sich tragen. Von ihm ist überliefert, dass er stets
vor der vereinbarten Zeit auf der Gasse vor seinem Wohnhaus stand,
wenn sein Sohn Hans ihn zum Matchbesuch abholte. Hans wusste das
und kam entsprechend früher. Das half aber nichts. Eines Tages war
Hans sogar zwanzig Minuten vor der Zeit in der Schiffamtsgasse, aber
auch diesmal trippelte sein Vater schon nervös von einem Fuß auf den

Irgendwo im Publikum sitzt Hans' Neffe Peter, 12. April 1953.

Hans und sein Sohn
Robert, 1960 (Quelle: Will Appelt).

Hans und Christl, 1967.

Hans mit seinen Töchtern Eva und Tina, 1975.

Kurt, Hans und Gretl Menasse, 2000.

Hans und Christl, 2008.

Tina, Robert und Eva Menasse, 2017 (© Petra Menasse-Eibensteiner).

Julian Knowle und Hans.

Enkelin Sophie.

Alicia und Laszlo mit Opa
Hans.

Enkelkinder Alicia und Jamie.

anderen und schaute grantig. „Warum kommst du so spät?", fragte er empört. Hans antwortete: „Vater, ich bin zwanzig Minuten zu früh da." Darauf Richard: „Aber du weißt doch, dass ich immer schon eine halbe Stunde früher runtergehe."

## Trude

Die Tochter von Dolly und Richard, das erste Kind, wurde 1919 geboren. Nach der Schule arbeitete sie ein paar Jahre als Schuhverkäuferin und lernte noch sehr jung ihren späteren Mann, Herbert Bellak, kennen. Die beiden reisten mit finanzieller Unterstützung der wohlhabenden Eltern Bellak 1938 über mehrere Zwischenstationen nach Kanada aus, um der Verfolgung durch die Nationalsozialisten zu entgehen. Ihr Bruder Kurt sah Trude als 15-Jähriger zum letzten Mal auf ihrer Durchreise in London und erinnerte sich in einem Gespräch mit Eva Menasse: „Ich war zwar um vier Jahre jünger, aber habe zunehmend ein sehr gutes Verhältnis zu ihr gehabt. Sie war ein bildhübsches und besonders herzliches und gutes Mädchen. Ich habe sie sehr geliebt."

Trude heiratete Herbert 1938 in Prag und versuchte von Kanada aus mit allen Mitteln, ihre Brüder zu sich zu holen. Doch das Schicksal nahm eine ebenso tragische, wie im Nachhinein gesehen, absurde Wendung: Ihre Tuberkulose, an der sie schon eine Weile gelitten hatte und die sie angeblich in Italien hatte ausheilen können, flammte wieder auf. Das wurde in Kanada zufällig entdeckt, als sie nach einem Autounfall im Krankenhaus geröntgt wurde. Sie starb mit gerade einmal 21 Jahren im August 1940 in einer Lungenanstalt in Windsor, Ontario. In einem herzzerreißenden Brief an seinen jungen Schwager Kurt schildert Herbert Bellak die letzten Stunden:

Das Ganze kam so plötzlich, denn sie fühlte sich die ganze Zeit so wohl, hatte zugenommen und wir wollten sie schon aus dem Sanatorium nach Hause bringen. Ich sah sie noch am Samstag um ¼ 5 am Nachmittag, und sie fühlte sich wohl, und um 10 Uhr am Abend hatten die Ärzte schon alle Hoffnung aufgegeben. Sie überstand die Nacht schlafend und war in der Früh auch noch bis zum letzten Augenblick bei Bewußtsein und sprach, ja sogar lachte mit mir, bis sie um ¼ 10 h morgens einschlief, um nie wieder aufzuwachen. Ich kann Dir gar nicht schildern, wie ich fühle, das Liebste verloren zu haben. Ihr letzter Wunsch war, daß ich Euch und den Eltern helfen soll, hierher zu kommen. (Detroit, 17. September 1940)

Heute wissen wir, dass nur vier Jahre später Penicillin in die industrielle Produktion ging, ein Medikament, das ihr das Leben hätte retten können. Trude war fortan so etwas wie eine nie heilende Wunde für die Eltern und ihre Brüder. Die sonnige und lebensfrohe Tochter war zwar den Nazis entkommen, nicht jedoch dem Tod.

# Kurt

Mein Vater, Jahrgang 1923, der zweitälteste in der Geschwisterreihe, litt unter Zöliakie, die allerdings erst diagnostiziert wurde, als er in seinen 50ern war. Kinder mit unbehandelter Zöliakie haben einen schmächtigen Körperbau, weil sie die Nährstoffe nur ungenügend aufnehmen können und sind der medizinischen Literatur zufolge oft missmutig und empfindsam. Auf dem Passfoto, das ihn wenige Tage vor seiner Flucht 1938 als 15-Jährigen zeigt, schaut er aus wie ein Kind im Volksschulalter. Als er in England ankam, nahm ihn ein Schneider bei sich auf und bildete ihn zum Gesellen aus. Heinrich Heine beschreibt in seinen „Reisebildern" einen besonders mageren Kerl so, als hätte er Kurt gekannt: „Ein Schneidergesell, ein niedlicher, kleiner junger Mensch, so dünn, dass die Sterne durchschimmern konnten."

Kurt blieb sein ganzes Leben hindurch mager, fast zerbrechlich. Umso bemerkenswerter ist es, dass er sich als 20-Jähriger zum britischen Militär meldete, um gegen die Naziherrschaft zu kämpfen.

In meiner Wahrnehmung war der wenig robuste Kurt von den Ereignissen in den Jahren 1938 bis 1945 stärker traumatisiert als sein kleiner Bruder Hans, der später – vielleicht wegen des Aufwachsens in seiner liebevollen Pflegefamilie – besser mit der Situation zurechtkam und außerdem zu jung war, um sich an die Demütigungen und die Angst im Wien in den Tagen und Wochen nach dem „Anschluss" zu erinnern. Kurt hatte diese Zeit als Jugendlicher schon in vollem Bewusstsein durchlebt. In London war er bald mehr oder weniger auf sich alleine gestellt. Weil er nicht mehr schulpflichtig war, musste er für seinen Lebensunterhalt selbst sorgen – so kam er zum erwähnten Schneider. Als er endlich in die britischen Streitkräfte aufgenommen wurde und die harte Grundausbildung in Schottland absolviert hatte, wurde ihm zu seinem Entsetzen eine Tropenuniform ausgehändigt. Statt in Europa die Heimat von den Nazis befreien zu können, wurde er zu einer weiteren Ausbildung nach Indien verschifft, um schließlich in Burma gegen die Japaner zu kämpfen.

Der sogenannte Pazifikkrieg, ein mit dem späteren Vietnamkrieg vergleichbarer Dschungelkampf voller Hinterhalte und giftiger Tiere, war brutal und überfordernd. Kurt hat wenig darüber erzählt, aber sein ganzes Leben lang eine Aversion gegen Japaner behalten. Er erlebte in Burma, dass japanische Soldaten immer wieder, in Wellen, gegen stark befestigte englische Stellungen geschickt wurden, „reine Selbstmordkommandos", wie er es beschrieb. Dieses massenhafte Sterben vor seinen Augen, die auf blinden Gehorsam und auf sinnlose Opferbereitschaft getrimmte Mentalität der japanischen Kommandanten wie ihrer Soldaten haben ihn erschüttert, zutiefst verstört, vermutlich traumatisiert. Mit Deutschen und Österreichern kam er nach dem Krieg aus, obwohl er immer sarkastisch sagte: „1945 hat's plötzlich keine Nazis mehr gegeben, in ganz Wien nicht – wie vom Erdboden verschluckt!" Mit Japanern dagegen hatte er Probleme, wenn er sie sah. Sie haben wohl bei ihm immer die alten, grausamen Bilder wach werden lassen.

Meine Eltern, Kurt und Edith, haben sich bei der Exilorganisation Young Austria kennengelernt. Diese während des Kriegs gegründete Gruppe von jungen Menschen aus Österreich war wie ein kleines Stück Heimat in der Fremde und hat zu etlichen Beziehungen geführt, von denen viele den Krieg nicht überdauerten. Mein Vater hat bald nach dem Krieg in Wien eine andere Frau kennengelernt, sich von meiner Mutter getrennt und wieder geheiratet.

Kurt war ein kühler, distanzierter Mensch, der seine Befriedigung und intellektuelle Herausforderung vor allem in seiner Arbeit als Handelskaufmann und Logistikexperte fand. Die Länder des kommunistischen Ostens hatten oft keine im Westen akzeptierte Geldmittel, die sie für Einkäufe im Westen verwenden hätten können. So lieferten sie als Gegenleistung andere Waren, die dann zu Geld gemacht werden konnten. Kurt wusste stets, welche Produkte wo verfügbar waren und wer sie benötigte. Also verkaufte er beispielsweise Butter nach Bulgarien, übernahm dafür landwirtschaftliche Produkte, die er in die ehemalige DDR lieferte, um schließlich von dort in Österreich benötigte Stahlprodukte zu importieren. Mit den Erlösen konnte dann der ursprüngliche Einkauf bezahlt werden. Dazu kannte er alle Handelswege, Häfen und Transportmittel.

Eine kleine Wohnung, eine Frau, die ihn fürsorglich betreute, und ein Dackel, der ihm zugetan war, genügten ihm für sein, wie ich es empfunden habe, reduziertes emotionales Leben. Dass Kurt doch starke Zuneigung empfinden konnte, zeigte sich erst, als seine zweite Frau starb. Seine Trauer war groß und er litt so sehr, dass es mit ihm in den Monaten nach Gretls Tod auch körperlich bergab ging.

Was er sich immer bewahrte und was ihn auszeichnete, waren sein trockener Humor und eine sympathische Verschmitztheit. Wenn man ihn fragte, wie es ihm ginge, lachte er und gab seine Standardantwort: „I am old, tired and miserable." Und gerne bezeichnete er sich auch als „Patient der gesamten Heilkunde".

Kurt war Zeit seines Lebens ein politischer Mensch, der Parteien des rechten Rands verabscheute. Er hatte viel geben müssen und viel gegeben, um zu einer besseren Gesellschaft beizutragen. Der Dichter Erich Fried, auch einer, der nach England flüchten musste, schrieb in einem Gedicht über die jungen Menschen von Young Austria die Zeilen: „Und lässt uns der Kampf um die Freiheit nicht Zeit zu lachen und uns selbst zu freuen, wir machen der Freude die Wege bereit, dem besseren Leben, dem neuen."

Für seinen Einsatz wurde Kurt Menasse 1980 von Bundespräsident Rudolf Kirchschläger mit dem „Ehrenzeichen für Verdienste um die Befreiung Österreichs" geehrt. Er erhielt außerdem einen Orden der britischen Armee. Kurt starb im März 2005, ein paar Wochen nach seinem 82. Geburtstag.

# Hans

Das jüngste der drei Kinder von Dolly und Richard ist im Buch ausführlich zu Wort gekommen. Ich füge hier ein paar meiner Erinnerungen an ihn hinzu, an meinen Onkel, der für mich in jungen Jahren eine Art Ritter in schimmernder Rüstung war.

Meine erste Erinnerung stammt vom 12. April 1952. Als knapp Fünfjähriger interessierten mich beim Matchbesuch, zu dem ich vergattert wurde, mehr die Grashalme auf der Naturtribüne der Hohen Warte als das Spiel. Bis mein Vater an diesem Nachmittag auf das Spielfeld deutete und sagte: „Schau doch!" Da sah ich, wie Hans, der für seinen Verein Vienna vier Tore gegen seinen heimlichen Lieblingsverein, die Wiener Austria, geschossen hatte, von den Mitspielern auf die Schultern gehoben und herumgetragen wurde. Damals beschloss ich sofort, selbst erfolgreicher Fußballspieler zu werden. Hans hat später, als er bei der Wiener Austria spielte, für mich, den damals Neunjährigen, erreicht, dass ich bei den Austria-Knaben trainieren durfte. Nach ein paar Einheiten kam einer der Verantwortlichen des Vereins zu mir und meinte, ich müsse noch ein wenig wachsen und solle dann wiederkommen. Diesen Hinweis verstand ich gut, probierte es also nie wieder und wurde letztendlich Spieler in Vereinen der tiefsten Wiener Unterklassen. Spaß machte Fußball aber auch dort.

Später wurde Hans zu meinem Idol wegen seines Humors und seines Umgangs mit den Frauen. Als pubertierender Jugendlicher erlebte ich bei einem der Ausflüge mit meinem Vater und seiner zweiten Frau Gretl, wie Hans, der sich ebenfalls angeschlossen hatte, mit einer schönen Dame am Nebentisch flirtete. Meiner Erinnerung nach waren wir im Hotel Panhans am Semmering. Neben uns saß dieses Paar, der Mann mit dem Rücken zu uns, die Frau Hans gegenüber. Da staunte ich nun als schüchterner Halbwüchsiger, wie Hans mit der Frau anbandelte, was ihr gut zu gefallen schien. So viel Mut, so viel Lebenserfahrung, wieder wollte ich werden wie er.

In einer Familie, in der alle gerne mit Wörtern spielen, ist Hans seit jeher der Großmeister. Das sagt jedenfalls er von sich selbst. Vielleicht jedoch haben ihn seine Kinder inzwischen ein- oder sogar ein wenig überholt. Seinen Bruder Kurt nannte er, wegen seines schmächtigen Körperbaus „Kurz". Wenn ein Familienname auch als normales Substantiv benutzt werden konnte, wurde er zum Material für Wortspiele, so unter anderem der Schifahrer Leonhard Stock. Dabei wurde das Wort jeweils durch den Vornamen ersetzt: Von jemandem, der am Stock ging, hieß es, „der geht am Leonhard", Steigerung: „Und das ist blöd für ihn, weil er wohnt im vierten Leonhard." Nach demselben Prinzip mutierte das Wort „Fehler" von „Schnitzer" zu „Schnitzler" und dann automatisch weiter zu Arthur. Wenn also einer den Fehler beging, dem gegnerischen Stürmer im Strafraum den Ball aufzulegen, kommentierte Hans: „Ein schwerer Arthur!" Der frühere Direktor des Bauernbunds, Sixtus Lanner, kam ebenso zu Ehren. Statt des Ausrufs „siehst du!" beziehungsweise, auf Wienerisch, „sixt-es", hieß es bei Hans, wenn er Recht behielt, immer: „Sixtus Lanner!" Und der ehemalige Unterrichtsminister, Theodor Piffl-Perčević, regte ihn zu folgendem Spruch an, wenn er von der Arbeit nach Hause kam: „Heute habe ich wieder geschuftet wie ein Büffel Perčević."

Seine Kinder erinnern sich an viele dieser, wie sie es nannten, „Blödheiten". Nur der vor Langem gefasste Plan, endlich einmal alle Aussprüche aufzuschreiben, ist bisher nicht umgesetzt worden: Wahrscheinlich, weil es zu viele sind.

Die Jahre ab 1953 waren für Hans eine turbulente Zeit. In diesem Jahr heiratete er Hilde Boigner, ein Jahr später kam ihr Sohn Robert zur Welt. Im Herbst begann auch seine erfolgreichste Meisterschaftssaison, an deren Ende im Jahr 1955 der Gewinn der österreichischen Fußballmeisterschaft mit der Vienna stand.

Hans war häufig unterwegs, spielte an den Wochenenden Fußball, fuhr mit seinem Klub auf Gastspielreisen in die ganze Welt und trainierte während der Woche an mehreren Abenden. Da war nicht viel Zeit für Familie, was wohl auch der Hauptgrund dafür war, dass seine Ehe mit Hilde nur wenige Jahre hielt. Robert wuchs nach der Trennung bei seiner Mutter auf.

Anfang der 1960er-Jahre lernte Hans seine zweite Frau, Christine „Christl" Kroker, kennen. Sie heirateten 1967, haben also auch schon mehr als fünfzig Ehejahre miteinander verbracht. Im Jahr 1970 wurde Tochter Eva geboren, weitere vier Jahre später Tina.

Sport nahm in Hans' Leben immer einen, besser: den zentralen Platz ein. Er trifft sich bis heute mit anderen ehemaligen Fußballstars, schaut im TV mit ihnen Spiele vor allem der englischen Premier League an, der einzigen, die seinen hohen Qualitätsansprüchen genügt, und hat bis vor Kurzem auch selbst noch Tennis gespielt. Einer seiner Partner war Julian Knowle, der unter anderem im Jahr 2007 Titelgewinner bei den US-Open im Doppel wurde. Knowle ist im Übrigen Vater der beiden jüngeren Enkelkinder von Hans.

## Robert, Eva, Tina und Sophie, Laszlo, Alicia, Jamie

Hans' Kinder konnten, anders als er selbst, in Frieden aufwachsen, zur Schule gehen und studieren. Alle drei sind heute erfolgreich in ihren Berufen. Tina hat ein Studium der Biologie absolviert und arbeitet für ein Pharma-Unternehmen. Die beiden älteren Geschwister sind Schriftsteller. Ihre Bücher nehmen nebeneinandergestellt mehrere Regalreihen im Bücherschrank des stolzen Vaters ein. Robert, der zumeist in Österreich lebt, hat im Jahr 2017 den „Deutschen Buchpreis" zugesprochen bekommen. Eva, die ihren Wohnsitz in Deutschland hat, wurde im selben Herbst mit dem „Österreichischen Buchpreis" ausgezeichnet.

Inzwischen ist Hans auch vierfacher Großvater. Roberts Tochter Sophie arbeitet als Radiojournalistin, Evas Sohn Laszlo geht in Berlin zur Schule, Tinas Tochter Alicia besucht die Volksschule in Wien und ihr kleiner Sohn Jamie geht in den Kindergarten.

# Nachwort

von Robert, Eva und Tina Menasse

Ein Sprichwort sagt, dass „jedes Geschwisterkind in einer anderen Familie aufwächst" – umso mehr gilt dieser Satz, wenn die Altersabstände zwischen den Geschwistern groß und die involvierten Eltern mehr als zwei sind. Robert, der Älteste, wurde als Sohn von Hilde Menasse geboren, Eva und Tina sind die Töchter von Christl Menasse. Gemeinsam haben wir drei den Namen und den Vater. In Roberts Kindheit war unser Vater Hans noch ein aktiver und sehr bekannter Fußballspieler, was für einen Sohn, der Fußball definitiv nicht zu seinen Lieblingsbeschäftigungen und herausragenden Talenten zählte, nicht rundum angenehm war.

Eva hingegen erinnert sich an die Geschichte vom Fleischhauer in der Löwengasse, der zu ihrer Mutter, die einen Tafelspitz bestellte und deshalb den Namen angab, sinnierend sagte: „Menasse? Da hat's einmal einen Fußballer gegeben … Aber das ist laaaang her …"

Für Tina war die Fußballkarriere des Vaters einerseits ein lang vergangenes Nostalgiethema, andererseits nahm sie als begabte Tennisspielerin besonderen Anteil an der zweiten großen sportlichen Leidenschaft unseres Vaters, dem Tennis: Die beiden pflegten eine Weile lang gemeinsam Sportwetten aufzugeben, außerdem sehen sie sich bis heute gern Tennisübertragungen im Fernsehen an und fachsimpeln über Spieler, Strategien und Spielweisen.

Zurück zum Altersunterschied: Bei dieser Konstellation wäre durchaus denkbar gewesen, dass die Geschwister aus zwei verschiedenen Ehen wenig miteinander zu tun hätten. Bei uns aber war und ist es anders. Wir weisen sogar das Wort von den „Halbgeschwistern" sprachempfindlich zurück. Und das hat durchaus mit einer Art von Familienbindung, einem ganz bestimmten Klebstoff zu tun, den Robert einmal unnachahmlich so gefasst hat: „Sprache ist dicker als Blut." Als Robert und Eva vor einiger Zeit gemeinsam interviewt und gefragt wurden, wann sich ihre Beziehung intensiviert habe, antwortete Eva erst: „Sobald ich Briefe schreiben konnte" – denn Robert ging 1980 für einige Jahre nach Brasilien. Robert aber widersprach: „Viel früher: Sobald du dir Geschichten anhören konntest."

In unserer Familie wurden immer Geschichten erzählt, zuerst vom Vater den Kindern, bis die älteren Kinder begannen, den jüngeren welche zu erzählen. Wo anderen Kindern vorgelesen wird, wurden wir von unserem Vater mit aus dem Stegreif produzierten, auf uns zugeschnittenen Geschichten beschenkt. Für Robert hat er den „Bumsternazl" erfunden: Es ging um Ignaz, auf Wienerisch „Nazl" genannt, der Abenteuer erlebt und dem bei überraschenden Wendungen, immer am Ende der Geschichte, der Ausruf „Bumsternazl!" entfährt – was den kleinen Robert verlässlich zum Lachen brachte. Eva wollte als Kleinkind nie essen – ihre Geschichten wurden daher am Tisch erzählt und mussten so gestaltet werden, dass sie vor Staunen den Mund aufriss, in den die Mutter dann schnell den Löffel schob. Bei Tina kreisten die Gute-Nacht-Geschichten um den tollpatschigen Totalversager Donald Duck – damals vertrieb die Firma unseres Vaters auch die Walt-Disney-Filme in Österreich und so waren wir mit dem Comic-Personal bestens vertraut. Manchmal lachte Tina so laut, dass die Mutter mahnte, die Kinder sollten mit den Gute-Nacht-Geschichten beruhigt und nicht „aufgeganslt" werden.

Von klein auf wurden wir also mit dem Formulier- und Fabuliervirus angesteckt, und das hält bis heute an: Bei uns hat immer jemand etwas zu erzählen. Dass wir manchmal laut werden, uns über fast alle Details uneins sind und einander ununterbrochen ins Wort fallen, ist dabei für Außenstehende gewöhnungsbedürftig. Doch für uns ist es mehr als normal, es ist heimatlich und vertraut: Wortgefechte und Witzeschlachten als bevorzugte Daseinsform.

Jedenfalls ist das die Kindheitserinnerung, die wir trotz aller Unterschiede gemeinsam haben. Es ist der Charakterzug unseres Vaters, den wir alle drei so an ihm erlebt haben: Hans Menasse war und ist ein unaufhörlicher Geschichtenerzähler, ein leidenschaftlicher Schöpfer von Anekdoten, witzigen Formulierungen und verrückten, manchmal sehr albernen Sprachspielen: „Was passiert, wenn der Niki Lauda die Liza Minnelli heiratet? Dann heißt sie Liza Lauda!"

Er hat seine Sprachkunststücke zu Hunderten in die Welt geworfen, aber schon lange kehren sie wieder zu ihm zurück: Es ist längst eine Art Volkssport unter uns Geschwistern, und auch schon unter den heranwachsenden Enkelkindern geworden, seine Schöpfungen zu verwenden, weiterzuspinnen und schließlich sogar Geschichten über IHN zu erzählen. „Wie der Opa/Papi sagen würde" oder „mit einer typischen Formulierung unseres Vaters" sind Wendungen, die wir oft gebrauchen.

Dass Hans Menasse den Wahrheitsgehalt unserer Geschichten über ihn fast grundsätzlich abstreitet, ist dabei systemimmanent – man war sich in dieser Familie noch selten über irgendetwas einig, deshalb muss man ja auch dauernd so viel reden. Immerhin ist er, selbst wenn er sich falsch beschrieben fühlt, kaum je beleidigt, weil auch er sich an das Familien-Dogma hält: Wenn schon nicht wahr, dann wenigstens gut erfunden.

Das gilt auch für eine Lieblingsanekdote, überliefert vom Ältesten: Als sehr junger Mann wollte Robert mit seiner ersten Freundin nach Venedig fahren und schnorrte deshalb nacheinander beide Eltern an. Die Mutter klagte: „So viel Geld willst du für eine Reise ausgeben, und dann ist es vielleicht die falsche Frau?" Der Vater hingegen, erst ebenso zögerlich, wurde plötzlich richtig spendabel, als Robert ihm diese Reaktion seiner Mutter gestand. Er zückte das Portemonnaie, zog einen großen Schein heraus und sagte: „Man kann nicht oft genug mit der falschen Frau nach Venedig fahren!"

Wie gesagt, unser Vater streitet alles ab. Wir, die wir ihn und die Genese von Anekdoten in unserer Familie kennen, halten hingegen alles für möglich.

So richtig komisch jedenfalls ist der von unserem Vater gelegentlich kokett ausgestoßene Seufzer: „Drei Kinder, zwei Schriftsteller – womit hab' ich das verdient?" In Wirklichkeit wundern sich Robert und Eva oft genug, dass Tina aus ihrem trockenen Witz und ihrer fast furchterregenden Schlagfertigkeit keinen Beruf gemacht hat – aber, wie Robert auf Nachfragen von Journalisten gern sagt, „unsere jüngste Schwester hat mit Abstand das schwerste Studium absolviert und im Gegensatz zu uns einen ordentlichen Beruf ergriffen."

Dass über unseren Vater nun mit „The Austrian Boy" ein seriöses, zeithistorisch recherchiertes Buch geschrieben worden ist, begrüßen wir haupt- und nebenberuflichen Fabulanten daher aus ganzem Herzen. Wir selbst erhoffen uns davon viele neue Erkenntnisse und belastbare Fakten, die wir niemals beisteuern hätten können, weil das Belastbare – siehe oben – nicht unbedingt in unserer Natur liegt. Aber dass das Leben dieses begnadeten Redners und Geschichtenerzählers, dieses Überlebenskünstlers und Optimisten *against all odds* auf diese Weise geehrt und bewahrt wird – das hat er wirklich verdient. Genauso verdient er ein Nachwort seiner Kinder, über die allesamt er gelegentlich stöhnt: „Warum ihr euch immer alle so aufregen müssts!" Aber dieses „Aufregen", lieber Vater, das ist in Wahrheit das Aufwärmtraining für den athletischen Sprachgebrauch. Das müsste ein Sportler doch eigentlich wissen.

# Anhang

## Die Fußballkarriere von Hans Menasse in Zahlen

*First Vienna Football Club 1894 (Staatsliga)*

1950/1951: 9 Spiele – 8 Tore

Debüt: 23. September 1950 beim 7:2 (4:2) gegen FS Elektra, WAC-Platz

1951/1952: 23 Spiele – 8 Tore

1952/1953: 20 Spiele – 14 Tore

Die meisten erzielten Tore in einem Spiel: 4 Tore am 12. April 1953 beim 5:2 (2:1) gegen FK Austria Wien, Stadion Hohe Warte

1953/1954: 25 Spiele – 14 Tore

1954/1955: 18 Spiele – 7 Tore

1955/1956: 7 Spiele – kein Tor

1956/1957: 11 Spiele – 4 Tore

Letztes Meisterschaftsspiel für die Vienna: 20. Juni 1957 beim 3:1 (0:0) gegen FC Stadlau

Letzter Einsatz für die Vienna: 6. Juli 1957 beim 2:1 (0:0) gegen Vasas Budapest im Mitropacup, Stadion Hohe Warte

Insgesamt: 113 Meisterschaftsspiele – 55 Tore sowie rund 300 Freundschaftsspiele

Damals wurden die Assists – Vorlagen zu erzielten Toren – noch nicht statistisch erfasst. Der Außenstürmer, die Position, die Hans Menasse zumeist spielte, bereitete mehr Tore vor als er selbst erzielte.

Anhang

## *Auslandstourneen und -spiele mit der Vienna*

Mai 1951: Jugoslawien und Griechenland

Spiele gegen Metalac Zagreb (4:0), Dynamo Zagreb (2:3), Panathinaikos Athen (2:2), Olympiakos Piräus (2:2), AEK Athen (3:1 und 3:0), Patras (4:1)

April 1952: Deutschland

Spiele gegen TSV 1860 München (3:2), FC Bayern München (1:1)

Juni/Juli 1952: Ungarn

Zwei Vorbereitungsspiele für die ungarische Olympiaauswahl, den späteren Olympiasieger, in Budapest: 29. Juni 1952 (3:5) bzw. 2. Juli 1952 (0:4)

Juli/August 1952: Kolumbien

Spiele gegen Independiente Santa Fe (2:3), Universidad Bogota (1:1), AN Medellin (9:0), Millionarios FC (1:2), Cucuta Deportivo (2:2), Stadtauswahl Cali (1:1), Boca Juniors de Cali (1:1)

Jänner/Februar 1953: Uruguay/Argentinien

Teilnahme an der „Copa Montevideo" in Montevideo mit Spielen gegen Dynamo Zagreb (1:0), CSD Colo Colo (5:4), Fluminense FC Rio (1:1), Botafogo FR Rio (0:2), Club Nacional de Football Montevideo (1:3), Club Presidente Hayes Paraguay (5:0) und Club Atletico Penarol Montevideo (0:2) sowie ein Spiel in Buenos Aires gegen Club Atletico San Lorenzo (1:1)

Juli 1953: Schweden

Spiele gegen Stadtauswahl Eskilstuna (1:0), Örebro SK (3:1), Stadtauswahl Lulea (4:2), Umea Holmsund (7:0), Djurgaardens IF (5:2), AIK Solna (5:2), BK Derby Linköping (7:1)

Jänner 1954: Spanien

Spielen gegen den FC Barcelona (3:3), Deportivo La Coruna (3:1), Sevilla FC (2:3)

August 1954: Jubiläumsspiele anlässlich „60 Jahre First Vienna FC 1894"

1. August 1954 (Altötting): 4:1 gegen FC Bayern München – 1 Tor Menasse

11. August 1954 (Stadion Hohe Warte): 1:0 gegen Royal Antwerpen FC – 1 Tor Menasse

15. August 1954 (Stadion Hohe Warte): 2:2 gegen Wolverhampton Wanderers FC

22. August 1954 (Passau): 2:1 gegen 1. FC Nürnberg

1954 und 1955: Freundschaftsspiele in England

13. Oktober 1954 (Molineux Stadium, Wolverhampton): 0:0 gegen Wolverhampton Wanderers FC

13. September 1955 (Turf Moor, Burnley): 2:2 gegen Burnley FC

2. November 1955 (Roker Park, Sunderland): 4:4 gegen Sunderland AFC

Juni 1956: Israel

Spiele gegen die Nationalmannschaft Israels (1:1), Maccabi Tel Aviv (2:0), Maccabi Netanja (5:1), Hapoel Jerusalem (3:0), Maccabi Haifa (4:1)

## *FK Austria Wien (Staatsliga)*

1958/1959: 10 Meisterschaftsspiele – 3 Tore sowie 3 Spiele im ÖFB-Cup

Debüt: 1. März 1959 beim 0:0 gegen den GAK

Letzter Einsatz für Austria Wien: 20. Juni 1959 beim 1:2 (1:2) gegen Rapid Wien

## *Weitere Stationen*

SV Schwechat, ESV Heiligenstadt, Kremser SC, Raxwerke Wiener Neustadt, SC Helfort, Wiener Athletiksport Club

## *Österreichische Nationalmannschaft*

1. Länderspiel: 26. April 1953: Ungarn gegen Österreich 1:1 (1:1), Budapest, Megyeri úti stadion, 40.000 Zuschauer und Zuschauerinnen

Aufstellung: Zeman, Stotz (27' Röckl), Happel, Hanappi, Koller, Brinek II, Menasse (67' Kominek), Wagner, Dienst, Hinesser, Gollnhuber, Trainer Walter Nausch.

2. Länderspiel: 3. Oktober 1954: Österreich gegen Jugoslawien 2:2 (1:2), Wien, Praterstadion, 60.000 Zuschauer und Zuschauerinnen, erstes Länderspiel nach der Weltmeisterschaft 1954 in der Schweiz

Aufstellung: Schmied, Hanappi, Barschandt, Ocwirk, Kollmann, Koller, Menasse, Walzhofer, Wagner, Zechmeister (46' Körner I), Haummer (82' Schleger), Trainer Walter Nausch.

# Literatur- und Quellenverzeichnis

Wolfgang Benz/Claudia Curio/Andrea Hammel (Hg.), Die Kindertransporte 1938/39. Rettung und Integration, Frankfurt/Main 2003.

Gerhard Botz, Nationalsozialismus in Wien. Machtübernahme, Herrschaftssicherung, Radikalisierung, Kriegsvorbereitung 1938/39, Wien/Berlin 2018.

Karl Decker, Mein Leben für den Fußball. Eine Fußballegende erinnert sich, Wien 1998.

First Vienna Football Club 1894 (Hg.), Österreichs Fussballpionier, Wien 1969.

First Vienna Football Club 1894 (Hg.), First Vienna Football Club 1894–1919. 25 Jahre Wiener Fußball, Wien 1919.

Dokumentationsarchiv des österreichischen Widerstandes (Hg.), Österreicher im Exil, Großbritannien 1938–1945. Eine Dokumentation, Wien 1992.

Sonja Frank (Hg.), Young Austria, ÖsterreicherInnen im Britischen Exil 1938–1947, Wien 2014 (2. Auflage).

Florian Freund/Hans Safrian, Die Verfolgung der österreichischen Juden 1938–1945. Vertreibung und Deportation, in: Emmerich Tálos/Ernst Hanisch/Wolfgang Neugebauer (Hg.), NS-Herrschaft in Österreich 1938–1945, Wien 1988.

Rebekka Göpfert, Der jüdische Kindertransport von Deutschland nach England 1938/39. Geschichte und Erinnerung, Frankfurt/Main 1999.

Wolf Gruner, Zwangsarbeit und Verfolgung: Österreichische Juden im NS-Staat 1938-45, Innsbruck/Wien/München 2001.

Dieter J. Hecht/Eleonore Lappin-Eppel/Michaela Raggam-Blesch, Topographie der Shoah. Gedächtnisorte des zerstörten jüdischen Wien, Wien 2015 sowie URL: http://www.topographie-der-shoah.at (abgerufen 24.3.2018).

Gerda Hofreiter, Allein in die Fremde. Kindertransporte von Österreich nach Frankreich, Großbritannien und in die USA, 1938–1941, Innsbruck/Wien/Bozen 2009.

Roman Horak, Ein halbes Jahrhundert am Ball. Wiener Fußballer erzählen, Wien 2010.

Institut Theresienstädter Initiative/Dokumentationsarchiv des österreichischen Widerstandes (Hg.), Theresienstädter Gedenkbuch, Österreichische Jüdinnen und Juden in Theresienstadt 1942–1945, Prag 2005.

Clemens Jabloner/Brigitte Bailer-Galanda/Eva Blimlinger/Georg Graf/Robert Knight/Lorenz Mikoletzky/Bertrand Perz/Roman Sandgruber/Karl Stuhlpfarrer/Alice Teichova (Hg.), „Arisierung" und Rückstellung von Wohnungen in Wien (Veröffentlichungen der Österreichischen Historikerkommission. Vermögensentzug während der NS-Zeit sowie Rückstellungen und Entschädigungen seit 1945 in Österreich 14), Wien/München 2004.

Alexander Juraske, „Judenxandl und Stadtpelz". Die vergessenen jüdischen Funktionäre des First Vienna Football Club 1894, in: Aschkenas, Zeitschrift für Geschichte und Kultur der Juden, Band 2, 2017, Heft 1, 39–56.

Alexander Juraske, „Blau-Gelb ist mein Herz". Die Geschichte des First Vienna Football Club, Wien 2017.

Alexander Juraske, Der First Vienna FC und seine jüdischen Funktionäre – eine Bestandsaufnahme, in: Albert Lichtblau/Andreas Praher/Christian Muckenhumer/Robert Schwarzbauer/Siegfried Göllner (Hg.), Zwischen Provinz und Metropole. Fußball in Österreich (Beiträge zur 1. Salzburger Fußballtagung), Göttingen 2016, 97–104.

Alexander Juraske, Der First Vienna Football Club 1894 in den Jahren 1938 bis 1945, in: David Forster/Jakob Rosenberg/Georg Spitaler (Hg.), Fußball unterm Hakenkreuz in der „Ostmark", Göttingen 2014, 138–153.

Rudolf Kauders/Lilian Kauders, Donauwalzer am Irawadi. Exil in England, Kampf in Burma, Rückkehr nach Wien, Wien 2011.

Martin Krist, Vertreibungsschicksale. Jüdische Schüler eines Wiener Gymnasiums 1938 und ihre Lebenswege, Wien 1999.

Helene Maimann, Ich bin ein Makkabäer, in: NU – Jüdisches Magazin für Politik und Kultur 3/2001.

Matthias Marschik/Doris Sottopietra, Erbfeinde und Haßlieben. Konzept und Realität Mitteleuropas im Sport, Münster 2000.

Matthias Marschik, Der Wiener Fußball in der NS-Zeit: Zwischen Vereinnahmung und Resistenz, Wien 1998.

Matthias Marschik, Vom Herrenspiel zum Männersport. Die ersten Jahre des Wiener Fußballs, Wien 1997.

Eva Menasse, Reise nach England, in: NU – Jüdisches Magazin für Politik und Kultur 3/2002.

Eva Menasse, Vienna, Köln 2005.

Österreichische Bundesbahnen (Hg.), Verdrängte Jahre, Bahn und Nationalsozialismus in Österreich 1938–1945, Eine Dokumentation (Begleitdokumentation zur gleichnamigen Wanderausstellung), Wien 2012.

Fritz Propst, Abschied am Westbahnhof. Young Austria. Ein Heldenepos vertriebener Kinder, Wien 2010.

Michaela Raggam-Blesch, Alltag unter prekärem Schutz. „Mischlinge" und „Geltungsjuden" im NS-Regime in Wien, in: zeitgeschichte 5 (2016), 292–307.

Jakob Rosenberg/Georg Spitaler, Grün-Weiss unterm Hakenkreuz. Der Sportklub Rapid im Nationalsozialismus (1938–1945), Wien 2011.

Mike Thomson, The British "Schindler" who saved Austrian Jews, URL: http://www.bbc.co.uk/news/mobile/world-14390524 (abgerufen 10.5.2018).

Alexia Weiss, „Man kann fast die Mundpropaganda spüren", URL: http://www.wina-magazin.at/man-kann-fast-mund%E2%80%89-propaganda-spueren/ (abgerufen 10.5.2018).

# Archivquellen

A Letter to the Stars, Datenbank: www.lettertothestars.at

Archiv der Christ Church Vienna: Taufregister, 22. Juli 1938

Archiv der Israelitischen Kultusgemeinde Wien (IKG):

IKG, Bestand Jerusalem, A/W 2589 35 (Menasse, 1938)

IKG, Bestand Jerusalem, A/W 2589 3 (Menasse, 1939)

IKG, Bestand Jerusalem, A/W 2589 37 (Eisinger, 1938)

IKG, Bestand Jerusalem, A/W 2589 7 (Fischer, 1938)

IKG, Bestand Jerusalem, A/W 437 2, Hausliste (Hausliste Schiffamtsgasse 7)

IKG, Bestand Wien, A VIE IKG II BEV WOHN 6 1, 1942 (Hausliste Liechtensteinstraße 119)

Bundespolizeidirektion Wien, Büro für Vereinsangelegenheiten (BPD):

BPD Wien, Vereinsakt First Vienna Football Club 1894, ZVR-Zahl: 828814177

Lehmann, Wiener Adressbuch: https://www.digital.wienbibliothek.at/nav/classification/2609

NSDAP-Mitgliederkartei ("Österreich"), Fachbereichsbibliothek Zeitgeschichte der Universität Wien: Karteikarte Karl Rainer

Opferdatenbank des Dokumentationsarchivs des österreichischen Widerstandes: https://www.doew.at/personensuche

Opferdatenbank Theresienstadt: https://www.holocaust.cz/de/opferdatenbank

Österreichisches Staatsarchiv (OeStA), Archiv der Republik (AdR):

OeStA, AdR, E u Rang, Vermögensanmeldungen, Aktenzahl 21835 – Jakob Weigel

OeStA, AdR, E u Rang, Sammelstelle A und B, Aktenzahl N1 – Jakob Weigel

OeStA, AdR, E u Rang, VVst – Statistik, Aktenzahl 622 – Jakob Weigel

OeStA, AdR, KA NL XII, Nachlass Thomas Kozich (B/1166:2)

Wiener Stadt- und Landesarchiv (WStLA):

WStLA, M.Abt. 208, A36 – Opferfürsorgeakten – Entschädigungen: Richard Menasse (Menasze)

WStLA, Meldeabfrage, Richard Menasze, geb. 16.1.1892 in Wien

WStLA, Meldeabfrage, Johanna Auguste, geb. (Menasse) 3.2.1894 in Wien

WStLA, Meldeabfrage, Berta Menasse, geb. (Strauss) 15.9.1861 in Pressburg

World Jewish Relief Archive/London:

Registration Slip, Hans Menasse

Case File, Edith Rosenstrauch

# Film- und Tondokumente

Günter Kaindlstorfer, „„Da war ich a bissel a Weltsensation' – Der frühere Fußball-Profi Hans Menasse erzählt aus seinem Leben", Österreich 1, Hörbilder 9/2001.

ORF III, „Züge ins Leben – Kindertransporte im Zweiten Weltkrieg" („zeit. geschichte"-Dokumentation, Regie: Uli Jürgens), 2016.

URL: https://www.youtube.com/watch?v=0TkhanXiHWo (abgerufen 16.4.2018).

Österreichische Mediathek, Interview mit Kurt Menasse (Zeit:zeugen. Opfer des NS-Regimes im Gespräch mit Schüler/innen; Produktionsleiterin: Sabine Keuschnigg), 12.2.2004, 2 Teile, URL: https://www.mediathek.at/portaltreffer/atom/193F1220-0BB-002B4-000008AC-193E0B55/pool/BWEB/ sowie https://www.mediathek.at/gedenkjahr-2018/suche/detail/atom/193F1245-242-002B9-000008AC-193E0B55/pool/BWEB/ (abgerufen am 24.3.2018).

# Zeitgenössische Zeitungen

Arbeiter-Zeitung, Bild-Telegraf, Neues Österreich, Sport-Funk, Welt am Montag, Wiener Sport-Tagblatt

# Die Autor/innen

### Dr. Mag. Alexander Juraske

Historiker und Autor, Studium der Geschichte und Alter Geschichte an der Universität Wien und Athen, Mitarbeiter beim Fußballmagazin „Ballesterer", zuletzt Projektmitarbeiter im FWF-Projekt „Jüdische Sportfunktionäre im Wien der Zwischenkriegszeit" an der Universität für angewandte Kunst Wien. Forschungsschwerpunkte: Sport- und Fußballgeschichte, Stadt- und jüdische Geschichte Wiens.

### Mag.ª Agnes Meisinger

Historikerin, Studium der Geschichte und Politikwissenschaften an der Universität Wien, Mitarbeiterin am Institut für Zeitgeschichte der Universität Wien und des Jüdischen Museums Wien, Redaktionsassistenz der Fachzeitschrift „zeitgeschichte". Forschungsschwerpunkte: Sportgeschichte, Wiener Stadtgeschichte, Cold War Studies.

### Mag. Peter Menasse

Studium der Betriebswirtschaft in Wien. Er arbeitet seit rund zwanzig Jahren als Kommunikationsberater. Darüber hinaus ist er journalistisch tätig: unter anderem von 1992–1997 mit einer wöchentlichen Kolumne im „Falter" und von 2000–2017 als Chefredakteur des jüdischen Magazins „NU", in dem er auch mehrere Geschichten zum jüdischen Fußball veröffentlicht hat. Er ist der Neffe von Hans Menasse.

Anhang

# Danksagung

Zum Gelingen dieses Buches haben zahlreiche Personen und Institutionen beigetragen, denen wir zu Dank verpflichtet sind. Ganz besonders danken wir Eva Menasse, die zur Vorbereitung ihres Romans „Vienna" (2005) umfassende Gesprächsprotokolle angefertigt und uns diese überlassen hat. Weiters bedanken wir uns bei Eva Konzett und Günter Kaindlstorfer, die uns ebenfalls Transkripte und Aufnahmen von Gesprächen mit Hans Menasse zur Verfügung gestellt haben.

Für die Bereitstellung und Bearbeitung von Archiv- und Bildmaterial danken wir der Israelitischen Kultusgemeinde Wien (insbesondere Susanne Uslu-Pauer), dem World Jewish Relief Archive/London, Sonja Frank, Daniela Höllmüller, Sophie Meisinger, Petra Menasse-Eibensteiner, Ouriel Morgensztern, Christopher Wentworth-Stanley und der Christ Church Vienna sowie Maresi Austria GmbH für die freundliche Überlassung der Dose „Inzersdorfer Krautfleisch nach dem Rezept von Franz Antel". Für die Unterstützung bei der Archivrecherche danken wir Franziska Lamp.

Wir bedanken uns bei Ursula Huber für ihr Interesse an unserem biografischen Projekt und die Aufnahme des Buches in das Programm des Böhlau Verlags sowie Bettina Waringer für die umsichtige Gestaltung.

Ohne die finanzielle Unterstützung des Zukunftsfonds der Republik Österreich, des Nationalfonds der Republik Österreich für Opfer des Nationalsozialismus, der Kulturabteilung der Stadt Wien (MA 7) sowie des FK Austria Wien und tipp3 wäre die Umsetzung des Projekts sowie die Drucklegung des Buches nicht möglich gewesen – vielen Dank dafür.

Abschließend danken wir Susanne Helene Betz, Andrea Bischel und Elisa Heinrich für die wertvollen Anmerkungen und Kommentare zum Manuskript sowie den First Vienna Football Club 1894 Supporters, die das Projekt als Trägerverein unterstützt haben.